V&R

Hans-Joachim Glücklich

Compendium
zur lateinischen Metrik

Wie lateinische Verse klingen
und gelesen werden

2., veränderte Auflage

Vandenhoeck & Ruprecht

Unter Mitarbeit von Annette Hirt

Besonders zu danken ist Dr. Matthias Hengelbrock (Oldenburg).

Bibliografische Information der Deutschen Nationalbibliothek

Die Deutsche Nationalbibliothek verzeichnet diese Publikation in der Deutschen Nationalbibliografie; detaillierte bibliografische Daten sind im Internet über http://dnb.d-nb.de abrufbar.

ISBN 978-3-525-25321-2

© 2009, 2007 Vandenhoeck & Ruprecht GmbH & Co. KG, Göttingen
Internet: www.v-r.de
Alle Rechte vorbehalten. Das Werk und seine Teile sind urheberrechtlich geschützt. Jede Verwertung in anderen als den gesetzlich zugelassenen Fällen bedarf der vorherigen schriftlichen Einwilligung des Verlages. Hinweis zu § 52a UrhG: Weder das Werk noch seine Teile dürfen ohne vorherige schriftliche Einwilligung des Verlages öffentlich zugänglich gemacht werden. Dies gilt auch bei einer entsprechenden Nutzung für Lehr- und Unterrichtszwecke. Printed in Germany.

Umschlagabbildung: Am Theater in Ostia

Druck und Bindung: ⊕ Hubert & Co, Göttingen

Inhalt

Lesen bei den Römern	6
Die Römer lasen halblaut	6
Die Römer schrieben nicht in langen Zeilen	6
Wie müssen wir lateinische Texte gliedern?	8
Wie müssen wir Latein lesen?	9
Übersicht zu Quantität und Aussprache der Laute	10
Klangregie in der Dichtung	14
Die Betonung lateinischer Wörter	16
Betonung und Quantitäten in der Prosa	17
Betonung, Quantitäten und Pausen im Vers	18
Wie betont man die Wörter im Vers?	23
Die wichtigsten Versmaße	25
Daktylischer Hexameter	25
Elegisches Distichon	26
Iambische Metren	27
Trochäische Metren	30
Hendecasyllabus	31
Archilochische Strophen	31
Alkäische Strophe	33
Glykoneische Strophe	34
Asklepiadeische Strophen	35
Hipponakteische Strophe	37
Ionische Strophe	38
Sapphische Strophe	38
Beispiel für die Analyse eines lateinischen Textes	39
Metrik als Interpretationshinweis	43
Übungen zur Analyse und zur Betonung lateinischer Wörter	45
Verzeichnis der erwähnten Autoren	47
Begriffsregister	48
Literatur zur Vertiefung	48

Lesen bei den Römern

Die Römer lasen halblaut

Wenn Römer und die Bewohner des römischen Herrschaftsgebiets lateinische Texte lasen, taten sie das anders als wir. Sie sprachen nämlich beim Lesen halblaut mit, was sie lasen. Das bewirkte eine Verringerung der Lesegeschwindigkeit.

Ganz anders heute: Es gibt Trainingskurse, die schnelles Lesen vermitteln sollen. Schnelles Lesen meint dabei schnelles Erfassen des Inhalts. Auf die Betrachtung der Ausdrucksweise des Autors wird kein Wert gelegt. Als Erstes wird den Teilnehmern jegliches Mitsprechen, das Formen der Wörter im Mund oder in Gedanken, abtrainiert.

Das halblaute Mitsprechen bewirkt dagegen ein genaues Erfassen nicht nur des Inhalts, sondern auch der Form. An die Stelle der Geschwindigkeit treten Auskosten und Mithören des Klangs, der Wortfolge, der Stilmittel.

Die Römer kannten weder Fotografie, Film und Fernsehen noch Radio, Walkman oder iPod. Römische Autoren bewirkten Anschaulichkeit und Klangeindrücke durch die Art, wie sie ihre Texte formulierten. Alle künstlerisch gestalteten Texte versuchten, durch ihren Klang zu wirken. Literatur wurde nicht nur im Privaten gelesen; sie wurde auch öffentlich gehört, Dichter und andere Autoren trugen ihre Werke vor. Plinius der Jüngere erzählt davon, dass ihn seine Frau dabei gern und bewundernd begleitete.

Die Römer schrieben nicht in langen Zeilen

Das bevorzugte Schreibmaterial der Römer war Papyrus (das Wort steckt in unserem Wort Papier). Papyrus wird aus der ägyptischen Papyrusstaude hergestellt. Die Stängel werden nebeneinander und übereinander gelegt und zusammengepresst. Der auslaufende Saft verklebte die Masse zu beschreibbarem Material. Es entstanden so Rollen von bis zu 25 m Länge und 30 cm Höhe. Sie hießen *liber*. Am Anfang und am Ende steckte ein Holzstab in jeder Rolle. So konnte man sie rechts aufrollen (*librum ēvolvere*) und links langsam schließen, »zurückrollen« (*librum rēvolvere*). Es war also immer nur ein schmaler Teil des Werkes zum Lesen offen, man konnte die Arme ja nicht beliebig weit auseinander halten. Man schrieb den Text dementsprechend in schmalen säulenartigen Abschnitten (Kolumnen, von *columna* »Säule«). Größere Werke wurden in Abschnitte geteilt, die jeweils auf eine

Rolle passten. Deswegen haben so viele römische und auch griechische Werke Einteilungen in »Bücher«: Gemeint sind damit größere Abschnitte. Bestand ein Werk aus zwölf »Büchern«, so bestand es aus zwölf Rollen. Man steckte diese Buchrollen zum Transport in ein Keramikgefäß, eine Amphore mit zwei Henkeln.

Schnelles Durchblättern war also nicht möglich. Dafür nahm der Römer den Text viel konzentrierter auf; er las langsam und gründlich. Und durch gleichzeitiges Lesen, Sprechen und Hören behielt er viel mehr als wir heute. Es ist gesicherte Erkenntnis der Lernpsychologie, dass wir alles, was wir gleichzeitig über mehrere Kanäle aufnehmen, wesentlich besser behalten.

Pergament kam erst um 300 n. Chr. in Mode. Es bestand aus Tierhaut. Diese wurde von Haaren und Fett befreit, gespannt und sehr dünn gemacht, dann mit Bimsstein oder anderem aufgeraut. Pergament war sehr teuer. In größerer Menge wurde es zuerst in der reichen Stadt Pergamon in Kleinasien hergestellt – daher der Name. Pergamentseiten fasste man zu einem Buch zusammen, das vorn und hinten hölzerne Deckel bekam. Solche Bücher nannte man Codex (*cōdex*, Plural *cōdicēs* = Baumstamm / Holz aus einem Baumstamm). Man kann auf antiken Bildern sehen, wann sie entstanden: Ab dem 3. Jahrhundert n. Chr. haben Propheten, Evangelisten und Gelehrte immer öfter Codices in den Händen statt Rollen.

Alltägliches Schreibmittel war und blieb aber für lange Zeit die Wachstafel. Es waren meistens zwei kleine Brettchen (*tabulae*), die mit Wachs (*cerum*) überzogen waren und mit einem Band oder einer Schnur zusammengebunden werden konnten. Sie hießen *tabulae* oder *tabulae cerātae*. Bekannte Wandmalereien aus Pompeji und Reliefs mit antiken Schulszenen zeigen Wachstafeln. Auf ihnen wurden Rechnungen notiert, Briefe geschrieben und verschickt, Buchmanuskripte entworfen und korrigiert. Man schrieb mit dem *stilus*, einem Metallgriffel, der eine spitze Seite zum Schreiben und eine breite Seite zum Glätten des Wachses hatte. *Stilum vertere* meint also nicht, wie manche falsch übersetzen, »den Stil ändern«, sondern »den Griffel umdrehen«, also den Text wieder glattmachen, auslöschen. Vielleicht wurde der Ausdruck *cōdex* schon für diese Wachstäfelchen verwendet und dann auf Pergamentbücher übertragen.

Für alle beschreibbaren Materialien gilt: In einer Zeile standen nicht sehr viele Wörter. Oft gaben solche Kurzzeilen einen Hinweis, wann eine Pause im Lesen gemacht werden konnte. Weil die Römer die Texte halblaut aussprachen, mussten sie beim normalen Lesen viel öfter Luft holen als wir. Luftholen bedeutet automatisch eine Pause beim Lesen. Diese macht man an sinnvollen Stellen, also nach kürzeren oder längeren Abschnitten, manchmal auch innerhalb von Sätzen, insbesondere, wenn sie lang sind. Auch Römer mussten lernen, an sinnvollen Stellen eine Pause beim Lesen zu machen. Der römische Rhetoriklehrer Quintilian erwähnt dies in seiner

Schrift *Institutio oratoria* (»Anleitung zum Reden«) ausdrücklich. Manche Wissenschaftler meinen heute sogar, dass einige Autoren ihre Sätze und Texte danach gestalteten, wann der Leser Atem schöpfen musste.

Wie müssen wir lateinische Texte gliedern?

Da römische Texte für ein bestimmtes Leseverhalten geschrieben waren, sollten wir sie auch so lesen, weil dann eine adäquate Erfassung der Abfolge der Mitteilungen und des Klangbildes eher möglich ist. Wie geht das?

Dass wir heute lateinische Texte langsam lesen, kann ein Vorteil sein. Ein recht gutes Mittel, in Prosatexten Abschnitte zu erkennen, ist das folgende: Sätze kolometrisch (= nach Einzelabschnitten) gliedern und dann kurze Kola zu einer Einheit zusammenfassen, die – ohne dazwischen Atem zu holen – halblaut lesbar ist. Kola, also Einzelabschnitte, sind:
- alle Gliedsätze; sie werden meist durch eine unterordnende Konjunktion oder durch ein Relativpronomen eingeleitet;
- alle »Kurzsätze«, sogenannte »satzwertige Elemente«, die im Deutschen meist als Gliedsatz übersetzt werden, im Lateinischen aber nur ein Satzglied sind: *A.c.i.,* Ablativ + Prädikativum *(Ablativus absolutus)*, prädikatives Partizip *(participium coniunctum)*, *-nd*-Fügungen *(Gerundium, Gerundivum)*.

Lateinische Dichtung ist von vornherein gegliedert, denn sie ist in nicht sehr langen Verszeilen und zum Teil in Strophen geschrieben. Längere Einzelzeilen sind zudem durch Pausen gegliedert (s. S. 21f.). Zeilen- und Strophengliederung geben zusätzliche Leitlinien für das Verstehen: Zunächst muss man die Wörter einer Zeile aufeinander beziehen, erst dann auf die nächsten Zeilen schauen, die wiederum in sich Einheiten darstellen.

Die Zeilenordnung wird allerdings durch die folgenden Mittel durchbrochen, die den Text interessanter und lebendiger machen:
- Enjambement: Ein oder mehrere Wörter der nächsten Zeile setzen noch den Satz der vorigen Zeile fort, man darf dann am Ende des ersten Verses nicht die Stimme senken.
- Sätze oder Satzabschnitte werden auf mehrere Zeilen verteilt.
- Sätze oder Satzabschnitte enden oder beginnen in der Zeilenmitte.
- Sätze, Strophen oder ganze Gedichte sind symmetrisch aufgebaut; dadurch wird der Leser aufgefordert, Wörter und Sätze an parallelen Stellen zueinander in Bezug zu setzen.

Wie müssen wir Latein lesen?

Um die Klang- und Bildabsichten der lateinischen Autoren zu erkennen und selbst zu spüren, muss man die lateinischen Texte mindestens halblaut lesen, und zwar in der Aussprache der Entstehungszeit der Texte. Für die Texte aus der Antike bedeutet dies, den sogenannten *prōnūntiātus restitūtus*, die wiederhergestellte Aussprache, zu verwenden. Die antike Aussprache ist durch die Darstellungen antiker Autoren genau belegt. Das bedeutet sinngemäßes, den Klang auskostendes, quantitätengerechtes Lesen.

Lange Vokale müssen lang, kurze kurz gelesen werden. Auch positionslange Silben (dazu S. 16f.) müssen mit mehr Zeitaufwand als eine kurze Silbe gelesen werden. Beispiel: *lau-dā-vē-ru-n-t*: das *n-t* sollte deutlich zu hören sein, das Wort also etwa so klingen: *lau-dā-vē-ru-nn-tt*.

An die Aussprache solcher Wörter, deren Konsonantenfolge im Deutschen immer eine kurze Silbe signalisiert, die aber im Lateinischen dennoch in oder nach einer langen Silbe bzw. einem langen Vokal vorkommen können, müssen sich Lateinlernende gewöhnen: *vīl-la* (sprich: *wiihl-la*), *ōr-d-ō* (sprich: *oohr-doo*) oder ab dem 1. Jh. n. Chr. *ōr-d-o* (sprich: *oohr-do*), *fōrma* (sprich: *foohrma*), *rūsticus* (sprich: *ruuhsticus*), *quīnque* (sprich: *kviihnkwe*); immer Länge vor *-ns*: *cōnsul, dēns, mōns, fōns, pōns* (sprich: *koohnsul, deehns, moohns, foohns, poohns*). Der entsprechende Wechsel der Quantitäten (Längen oder Kürzen) vom Nominativ zum Genitiv: *laudāns, laudantis* (sprich: *láudaahns, laudánntis*).[1]

Die Betonung sollte stimmen, damit man nicht unwissentlich Falsches sagt: *ístīs* (sprich: *ísstiihs*): »diesen«, aber *īstis* (sprich: *íihstis*) »ihr seid gegangen«; *prīstinus* (Betonung auf der dritten Silbe von hinten) »altehrwürdig«, aber *pristīnus* (Betonung auf der zweiten Silbe von hinten) »vom Stockfisch«; *malus* (sprich: *ma-lus*) »schlecht«, aber *mālus* (sprich: *maahlus*) »Apfelbaum«; *pēs, pedis* »Fuß«, aber *pēs, pēdis* »Floh« (also bitte *per pedēs apostolōrum*, nicht *per pēdēs apostolōrum*); *mōs, mōris* »Sitte«, *mōrātus* »gesittet«, *mōrōsus*: »empfindlich, eigenbrötlerisch«; *mora* (kurzes *o*, kurzes *a*) »Verzögerung, Aufschub«; *morārī* »sich aufhalten«, *morātus* »nach einem Aufenthalt«; *mōrus* (langes *ō*) »närrisch«, *mōrārī* »ein Narr sein«.

Sätze und Texte sind gegliedert mit kleinen Pausen zu lesen (s. Tipps, S. 13).

---

1 Die Schreibung *w* für *v* besagt, dass man das konsonantische *v* wie das englische *w* ausspricht.

Übersicht zu Quantität und Aussprache der Laute

a	kurz und offen auszusprechen wie in *all*	*ager, ágrī – ágger, ággeris – agmen, agminis – amor, amōris – anus, ūs f.* Überall müssen kurze *a* zu hören sein, nirgends *ahh*.
ā	lang auszusprechen wie in *ahnden*	*ānulus, ānulī*
b	wie im Deutschen	
c	im klassischen Latein das Zeichen mit dem Lautwert *k*; immer wie *k* auszusprechen	*cārus, certus* (sprich: *kerrtus*) – *cingere* (sprich: *kínngere*) – *conclāmāre* (sprich: *konnklaahmáahre*) – *cubīculum* (sprich: *kubíihkulum*)
d	wie im Deutschen	
e	kurz und offen auszusprechen wie in *Eltern, eng*	*emere* (kaufen) – *edere* (essen)
ē	lang auszusprechen wie in *Ehre, Esel, Ekel*	*ēmī* (ich habe gekauft) *ēdere* (herausgeben)
f	wie im Deutschen	
g	*gn* wird als *ngn* ausgesprochen	*āgnus* (sprich: *āangnus*, aber ohne stark hörbares *g*, also nicht wie im »preußischen Französisch«, das »Angggaschmannggg« für »Engagement« sagt)
h	*h* war schwach oder stumm, wurde – insbesondere bei griechischen Lehnwörtern – nur geschrieben, aber kaum gesprochen. Der folgende Vokal wird mit stärkerem Luftstrom gesprochen (Aspiration, Behauchung). Nach Konsonanten kennzeichnete *h* behauchte Aussprache; *ph, th, ch* können folglich bei römischen Dichtern mit *p, t, c* allitererieren.	*Thessala Tempe* (Horaz, *carmen* 1,7,4) *Phoeniss(a) et pariter puero* (Vergil, *Aeneis* 1,714)

i	Vokalisches *i* ist kurz und offen auszusprechen wie in *innen*.	*ille*
	Das konsonantische *i* wird wie *j* ausgesprochen. Es tritt zwischen Vokalen auf, vor einzelnen Vokalen jedoch nur dann, wenn *i* am Anfang des Wortes steht, wobei Vorsilben wirkungslos bleiben. Erst der französische Humanist Petrus Ramus (Pierre La Ramée = Peter Ast, 1515-1572) hat für konsonantisch verwendetes *i* das Zeichen *j* eingeführt.	*eius* (sprich: *ejus*) *Iuppiter* (sprich: *Juppiter*) *coniungere* (sprich: *conjungere*) aber vokalisch: *liberius*
ī	lang auszusprechen wie in *ihr*	*vīl-la*
j	siehe *i*	
k	kommt nur in neun Wörtern, meistens griechischen Ursprungs, vor	die beiden wichtigsten Beispiele: *Kalendae* (abgekürzt *K.* oder *kal.*): Kalenden (der Monatserste); *kārus* statt *cārus* »lieb«, so bei Catull *c.* 2,6: *kārum nescioquid iocārī*, »irgend einen lieben Scherz machen«
l	wie im Deutschen	
m	Endet die letzte Silbe eines Wortes auf *m*, wurde die Silbe nasaliert gesprochen, aber wahrscheinlich nur, wenn das folgende Wort mit einem Konsonanten begann.	*cavum conversa*, sprich: *cávũ(n) convérrsa*; aber *mult(um) ill(e) et terrīs iactātus*
n	wie im Deutschen	
o	kurz und offen auszusprechen wie in *offen*	*orīrī* *orīginis*
ō	lang auszusprechen wie in *Ohr*	*ōmen, ōminis* *nōmen, nōminis* *ōrdō* oder *ōrdo*
p	wie im Italienischen unbehaucht	*páter* (nicht *pp(h)áter*)
qu	entspricht *c* (= *k*) mit einem schwach und kurz ausgesprochenen *v/w* danach	*aqua* (sprich: *akwa*)

r	als italienisches Zungen-*r* auszusprechen – dabei stößt die Zungenspitze an die Innenseite der (oberen) Schneidezähne	
s	grundsätzlich stimmlos	
t	Die Silbe *ti* und die Kombinationen *sp* und *st* werden rein (also nicht *zi, schp, scht*) ausgesprochen.	*tertius* (sprich: *ter-ti-us*) *spērāre* (sprich: *s-peeh-raah-re*) *stāre* (sprich: *s-taahre*)
u	kurz und offen auszusprechen wie in *Butter* *U* und *v* sind ein und derselbe Buchstabe, der als Vokal wie deutsches *u*, als Konsonant wie das englische *w* ausgesprochen wurde. Ursprünglich hatte man nur das Zeichen *v*, das aber schon öfter unten gerundet wurde. Petrus Ramus hat dann für das vokalische *v* das Zeichen *u* eingeführt. Nicht-deutsche Textausgaben verwenden oft nur *u* (oder nur *v*).	*su-mus, bul-la* *vertere* (sprich: *(u)wertere*) *amavit* (sprich: *ama(u)wit*) *sanguis* (sprich: *sangwis*) *aqua* (sprich: *akwa*)
ū	lang auszusprechen wie in *Uhr*	*ūva* (sprich: *uuhwa*) *ūrna* (sprich: *uuhrna*) *ūrere, ūssī, ūstum* (sprich: *uuhrere, uuhs-sii, uuhs-tum*)
v	siehe *u*	
x	Doppelkonsonant, je nach Fall wie *c-s* (also k-s) oder g-s auszusprechen	*rēx, rēgis* (sprich: *reehg-s, reeh-gis*) *crux, crucis* (sprich: *kruk-s, kru-kis*)
y	selten (in griechischen Lehnwörtern) vorkommend, wie *ü* ausgesprochen	Die Römer verwendeten zunächst *u*: *gymnasium* wurde *guminasium* (so bei Catull c. 63,60).
z	nur in (meist griechischen) Fremdwörtern vorkommend, grundsätzlich immer stimmhaft (wie *ds*)	*zōna* (sprich: *dsoohna*) *Zama* (sprich: *Dsa-ma*)

ae ai oe oi	Diphthonge sind korrekt auszusprechen, für die klassische Zeit *ae* wie *ai* (in Variationen von ā-e bis ái) in einer Silbe, *oe* wie *oi* in einer Silbe, *au* und *eu* getrennt, aber doch in einer Silbe wie im Italienischen (*aauto-, E-uropa*).	
ae oe	Die Veränderung von Doppellauten (Diphthongen) zu einem Vokal, also z.B. von *ae* zu *ē* oder *ä* war in volkstümlicher Sprache schon lange üblich. Gegen Ende des 2. Jh. n. Chr. dringt sie in die Hochsprache ein (*caelum* wird *cēlum*). Sie ist sicher festzustellen im 4. Jahrhundert. Die Vermischung von *oe* mit *e* beginnt im 1. Jahrhundert n. Chr. (*proelium* wird *prēlium*).	Im Mittelalter schrieb man das *e* gern als kleinen Buchstaben über *a, o, u*; es wurde schließlich zu den zwei Pünktchen unserer Umlaute. Da sowohl aus *ae* wie aus *oe* langes *ē* wurde, machte man beim Versuch, diese Wörter wieder wie in der Antike zu schreiben, Fehler, löste z.B. *cēlum* als *coelum* statt *caelum* auf.
rd	Vokale davor sind oft lang.	*ōrdo* (sprich: *oohr-do*)
nqu	= *nk(w)*	*relinquere*
ll	als zwei getrennte *l* auszusprechen	*vīlla* (sprich: *(u)wiihl-la*)
rr	als zwei getrennte Zungen-*r* auszusprechen	*ferre* (sprich: *fer-re*)

Tipps

- Auf Längen und Kürzen achten, wenn man Wörter in der Wortkunde lernt oder im Wörterbuch nachschlägt.
- Bei Deklinationen und Konjugationen beachten, ob Tempus- und Moduszeichen sowie die Endungen lang oder kurz sind. Alle Zeichen und Endungen in der richtigen Quantität lernen.
- Lange Silben deutlich aussprechen – sich dabei Zeit nehmen.
- Nach Punkten Pause machen, kleine Pausen nach anderen Satzzeichen.
- Die spezifisch lateinischen Erscheinungen als eine Einheit mit kurzer Pause davor und danach sprechen: A.c.i., Ablativ + Prädikativum (*ablativus absolutus*), prädikatives Partizip (*participium coniunctum*), -nd-Fügungen (Gerundium, Gerundivum).

Klangregie in der Dichtung

Vergils Hirtengedichte *(Bukoliká, Eklogen)* gelten als ein Meisterwerk des Klangs, sie entstanden zwischen 42 und 36 v. Chr. Dargestellt werden vielfältige Aspekte des menschlichen Lebens, das von den Auswirkungen der Politik und des Krieges beeinflusst ist. In der ersten Ekloge begegnet ein Hirt einem anderen. Der eine wird von seinem Land vertrieben, der andere darf bleiben. Der Vertriebene sagt zum Bleibenden:

53   Hier vom Nachbarhaine die Hecke wird, wie schon immer,
54   wenn an blühender Weide die goldenen Bienen sich laben,
55   oft mit sanftem Summen zu ruhigem Schlummer dich laden.
56   Hier vom Felshang singt sein Lied in die Lüfte der Winzer.
57   Rau aber rufen dazu ohne Ruh, die du lieb hast, die Tauben,
58   gurrt die Turteltaube dort hoch im Wipfel der Ulme.

Die deutsche Übersetzung lässt den Klang nicht hören. Der Leser des lateinischen Textes aber hört die Bienen (mit stimmlosem *s* verhalten) summen, den Winzer singen, die Tauben gurren, wenn davon die Rede ist. Hier die Bienen:

53   H**i**nc t**i**bi, quae **s**emper, v**i**c**i**n(o) ab l**i**m**i**te **s**aepe**s**
54   Hyblae**i**s ap**i**bus florem depa**s**ta sal**i**ct**i**
55   **s**aepe lev**i** **s**omnum **s**uadeb**i**t **i**n**i**re **s**u**s**urro.

Bewusst hat Vergil viele *s*- und *i*-Laute verwendet. Anders der singende Winzer: Viele *a*-Laute lassen das Lied klingen.

56   Hinc **a**lt**a** sub rupe c**a**net frond**a**tor **a**d **a**ur**a**s.

Und schließlich die Tauben:

57   Nec tamen inte**r**e**a** **r****au**c**a**e, t**ua** c**u**r**a**, p**a**l**u**mbes,
58   nec geme**r**(e) **a**ë**r**i**ā** cess**a**bit t**u**rt**u**r ab **u**lmo.

Alles gurrt: viele *r*-Laute, viele *a*- und *u*-Laute.

In seiner *Aeneis*, entstanden zwischen 29 und 19 v. Chr., stellt Vergil dar, wie der Trojaner Aeneas seine brennende Vaterstadt verlässt, auf vielen Umwegen und nach vielen Abenteuern und Leiden nach Italien kommt und dort eine neue Stadt gründet, aus der später Romulus und Remus hervorgehen, die Rom gründen. Rom wird so das wieder erstandene Troja.

Die Göttin Juno ist dagegen, dass dies Wirklichkeit wird. Sie bittet deshalb den Windgott Aeolus, ein Unwetter zu verursachen, und hofft, dass Aeneas dabei auf dem Meer zugrunde geht. Aeolus stößt seine Lanze in den Berg, in dem er die Winde festhält, und setzt sie frei. Vergil schildert dies und den folgenden Sturm auf dem Meer so (Vergil, *Aeneis* 1,81-91):

81   Als diese Worte [Junos] gesprochen waren, dreht er [Aeolus] seine Lanze um und stößt sie dem hohlen Berg
82   in die Seite. Und als ob die Winde einen Heerzug formiert hätten,
83   brechen sie da heraus, wo ein Tor geschaffen ist, und blasen über die Länder in einem Wirbelsturm.
84   Auf dem Meer liegen und wühlen es total von den tiefsten Stellen auf
85   zusammen der Eurus und der Notus und der an aggressiven Böen reiche
86   Africus, und riesige verschlingende Fluten wälzen sie an die Küsten.
87   Es folgt das Geschrei der Männer und zugleich das Ächzen der Taue.
88   Plötzlich reißen die Wolken den Himmel und den Tag zusammen
89   aus den Augen der Teukrer. Auf dem Meer liegt Nacht voller Schwärze.
90   Donnergroll im Himmelsgewölbe, der Aether leuchtet von Feuern immer wieder
91   und dicht vor die Augen hält den Männern alles den Tod.

Im lateinischen Text kann man dies alles hören:

81   *Haec* ubi *dí*c*ta*, *cá*v*um* *c*on*vé*rsa *cú*spide *mó*ntem
82   *ím*pulit *ín* látus; *ac* vé*nti* vélut *ágmine fá*cto,
83   *quá* data *pó*rta, rú*unt* et *té*rras *tú*rbine *pé*rflant.
84   *In*cubué*re má*ri totú*m*qu(e) a *sé*dibus *í*mis
85   *ún*(a) Eur*ú*sque Not*ú*sque *rú*unt *c*rebé*rq*ue pro*cé*llis
86   *Á*fri*c*us, *et* v*á*stos *vó*l*v*unt ad *lí*tora *flú*ctus.
87   *In*sé*qu*itur *c*lamó*rq*ue *ví*rum stridó*rq*ue rudé*n*tum.
88   E*rí*piunt *sú*bi*to* nú*bes* *c*ael*úm*que di*ém*que
89   *Teu*c*ró*r(um) *ex* ó*c*u*lis*; *pó*nto *nó*x *í*n*c*ubat *á*tra;
90   *In*tonué*re pó*l(i) *et c*ré*b*ris *mí*cat *í*gnibus *á*ether
91   *p*rae*s*en*t*é*m*que *ví*ris in*té*n*t*ant ó*m*nia *mó*rtem.

Der Stoß in die Bergseite (81) ist von vielen *k*-Lauten begleitet, die Römer als hässlich empfanden. Das Herausströmen der Winde (82-83) ist erst mit vielen *i*-, dann mit *a*-, dann mit *u*-Lauten gestaltet: vom Pfeifen über den breitflächigen Angriff zum Heulen. Das aufgewühlte Meer wird durch viele *u*- und *l*-Laute gemalt (84-86). Ächzen der Taue und Schreien der Männer sind durch viele *o*-, *u*-, *um*-Laute geprägt (87). Der Einbruch totaler Dunkelheit am Tag (88) hat *o*-, *u*-, *m*-, *n*-Laute und dann wieder *k*-Laute, die durch die Elision (s. S. 22) von *um* in *Teucrorum* und den dadurch entstehenden hässlichen Klang *Teucrorex* (89) verstärkt werden. Donner und Blitz mit Todesdrohung (90-91) sind mit *i*- und *o*-Lauten geschildert.

Bei der Rezitation der *Aeneis* soll Octavia, die Schwester des Augustus, in Ohnmacht gefallen sein, als ihr verstorbener Sohn Marcellus erwähnt wurde. Auch die Klanginszenierung mag dazu beigetragen haben.

Die Betonung lateinischer Wörter

Die Römer haben ihre Wörter nach dem sogenannten *Dreisilbengesetz* betont. Ist die vorletzte Silbe eines Wortes lang (—), so wird sie betont. Ist sie kurz (ᴗ), so wird, falls vorhanden, die drittletzte Silbe betont. Lang (—) ist eine Silbe,
- wenn sie von Natur lang ist, also einen langen Vokal enthält: *ā, ē, ī, ō, ū*, oder einen Diphthong (Doppelvokal): *ae, ai, au, ei, eu, oe, oi*;
- wenn sie durch die Abfolge von Vokalen und mehreren Konsonanten mehr Zeit zum Aussprechen braucht. Man spricht in diesem Fall davon, dass die Silbe durch Position lang ist. Beispiel: Im Wort *locus* ist das *o* kurz und die Silbe *lo* ebenso. Im Wort *longus* ist das *o* kurz, aber es steht vor zwei Konsonanten und daher gilt die Silbe als lang. Eine Silbe ist also positionslang, wenn ihr Vokal zwar kurz ist, diesem aber mehrere Konsonanten folgen, so dass man bei sorgfältiger Aussprache ebenso viel Zeit für sie benötigt wie für eine naturlange Silbe. (Der darin enthaltene kurze Vokal wird aber weiterhin kurz ausgesprochen!)

Zur Positionslänge kommt es im Allgemeinen nicht bei der Zusammenstellung von *Mutae* (stummen Verschlusslauten: *b, p, ph; d, t, th; g, c, ch*) und *Liquidae* (fließenden, beliebig lang aushaltbaren Konsonanten: *l, r*).

Lautgeschichtlich lässt sich erklären, dass *x* (Zeichen für *gs* oder *cs*) und *z* (Zeichen für *ds*) eine Silbe lang machen können, nicht aber *qu* (Zeichen für einen *k*-Laut ähnlich wie *c*).

Man unterscheidet grundsätzlich naturlange und positionslange Silben. Länge und Kürzen heißen zusammenfassend Quantitäten, die Betonung heißt Akzent.

Tipps

Silben vom Ende des Wortes aus zählen. Zur vorletzten Silbe gehen. Prüfen, ob sie lang oder kurz ist. Ist sie lang, wird sie betont. Ist sie kurz, wird die drittletzte Silbe betont, falls das Wort überhaupt mehr als zwei Silben hat.

Manche Menschen haben Schwierigkeiten im Abzählen der Silben. Dann empfiehlt es sich, erst einmal von vorn die Silben abzutrennen, bevor man von hinten her zählt. Kinder trennen die Silben, indem sie sie »abklatschen«, also beim lauten Lesen zu jeder Silbe in die Hände klatschen.

Beispiele für die Bewertung als Länge und Kürze und für die Betonung (in den Beispielen ist die jeweils betonte Silbe **fett** gedruckt):
vīvere: naturlange drittletzte Silbe, vorletzte Silbe kurz,
vī**vā**mus: drittletzte und vorletzte Silbe naturlang,
a**mē**mus: vorletzte Silbe naturlang,
omnēs: positionslange vorletzte Silbe,
oc**ci**dere (*hinfallen*): positionslange viertletzte, kurze drittletzte, kurze vorletzte Silbe,
possunt: positionslange vorletzte Silbe,
tenebrae: drittletzte und vorletzte Silbe kurz.

Man beachte die Akzentverschiebungen z.B. bei der Konjugation: **a**mō, **a**mās, **a**mat, a**mā**mus, a**mā**tis, **a**mant; a**mā**vī, amā**vis**tī, a**mā**vit, a**mā**vimus, amā**vis**tis, amā**vē**runt.

Die Bedeutung des Begriffs »Positionslänge« (von *ponere*, setzen, festsetzen, auf den Boden setzen) ist auf S. 16 erklärt. Aber ursprünglich kommt der Begriff »Position« wahrscheinlich von der Art, wie man in Griechenland den Rhythmus beim Singen einübte. Man hob und senkte dabei jeweils einen der Füße. Die Hebung (griechisch *Arsis,* lateinisch *ēlātiō*) erfolgte bei kurzen Silben, die Senkung (*Thesis / positiō*) bei langen Silben, also ganz natürlich sowohl bei Silben mit langem Vokal als auch bei Silben, die aus einem anderen Grund mehr Zeit zum korrekten Aussprechen verlangten.

Die Hebung und Senkung des Fußes (eine Beinbewegung) darf nicht mit der Hebung und Senkung der Stimme (einer Bewegung der Stimmbänder) verwechselt werden. Denn man hebt die Stimme gerade bei den Längen, also in der Thesis, und macht das Sprechen nachdrücklicher. Wir haben uns angewöhnt, nach deutschem Vorbild auch im Lateinischen die Betonung durch lauteres Aussprechen zu kennzeichnen: Bei der betonten Silbe lassen wir mehr Luft ausströmen (sogenannter exspiratorischer Akzent, von *exspirare* »ausatmen«). Die Römer haben aber den Versrhythmus aus dem Wechsel von langen und kurzen Silben gewonnen (vgl. S. 23f.).

Betonung und Quantitäten in der Prosa

Auch die lateinische Prosa muss ausdrucksvoll und unter Beachtung der Längen und Kürzen gelesen werden. Viele Autoren gestalten ihre Texte rhythmisch. Besonders lässt sich das an den Satzschlüssen (Klauseln, von *claudere* (be)schließen) beobachten. Klauseln sind in einem bestimmten Rhythmus gestaltet. Die wichtigsten Rhythmen sind:

— ᴗ — — ᴗ		Creticus und Trochäus
clausulas esse		
dass es Klauseln gibt		
— ᴗ — — ᴗ —		Doppelcreticus
clausulas fecimus		
wir haben Klauseln gemacht		
— ᴗ — — ᴗ — ᴗ		Creticus + doppelter Trochäus
clausulas feceramus		
wir hatten Klauseln gemacht		

Die Begriffe sind im folgenden Abschnitt erklärt. Die angegebenen lateinischen Beispiele sind bloße Hilfen, sich den Rhythmus einzuprägen. Ein literarisches Beispiel für den Doppelcreticus:

(—)   — ᴗ — — ᴗ —
(prae)fert suis civibus / Cicero, *de re publica* 1,53
Er lebt [moralisches Verhalten] seinen Mitbürgern vor. [So beenden die Befürworter der Aristokratie die Rühmung ihrer Staatsform.]

Betonung, Quantitäten und Pausen im Vers

Als *Metrik* bezeichnet man die Lehre vom rhythmisch gegliederten Vers. Ein Vers entsteht durch eine rhythmische Abfolge langer (—) und kurzer (ᴗ) Silben. Die kürzeste rhythmische Einheit wird als *(Vers-)Fuß* bezeichnet z.B. ᴗ —. Der seltsame Ausdruck kommt wahrscheinlich daher, dass man in Griechenland zur Einübung des Rhythmus den Fuß bei Kürzen hob und bei Längen auf den Boden aufsetzte (siehe S. 17).

Eine sich wiederholende Einheit aus Längen und Kürzen heißt *Metrum* (»Maß«); bei iambischen und trochäischen Metren hat es sich eingebürgert, zwei Versfüße zu einem Metrum zusammenzufassen. Eine bestimmte Anzahl von Wiederholungen eines Metrums stellt einen *Vers* dar. Werden mehrere gleiche oder verschiedene Verse zu einer Einheit zusammengefasst, die sich wiederholt, entstehen *Strophen*.

Wichtige Versfüße und Metren

Dáktylus:	— ᴗᴗ	Chóriambus:	— ᴗᴗ —
Spondéus:	— —	Créticus:	— ᴗ —
(doppelter) Iambus:	ᴗ — ᴗ —	Bakchéus:	ᴗ — —
(doppelter) Trocháeus:	— ᴗ — ᴗ	Iōnicus ā maiōre:	— — ᴗᴗ
Anapaést:	ᴗᴗ —	Iōnicus ā minōre:	ᴗᴗ — —

Die Ausdrücke stammen aus dem Griechischen und bezeichnen entweder das äußere Erscheinungsbild oder eine Gelegenheit, bei der dieses Metrum besonders gern verwendet wurde:

Daktylus = Finger, ein langes, zwei kurze Glieder; *Spondéus:* beim Trankopfer verwendet; *Iambus:* in Spottgedichten verwendet; *Trochäus*: »der Laufende«, besonders in schnell gesprochenen dramatischen Versen verwendet; *Anapäst:* »zurückgeschlagen«, nämlich umgekehrt rhythmisiert wie der Daktylus; *Choriambus:* Tanzvers mit Iambus (*choros:* Gesang mit Tanz); *Creticus:* zuerst auf Kreta verwendeter Tanzrhythmus; *Bakcheus*: ursprünglich in Liedern zu Ehren des Gottes Bacchus verwendet; *Ionicus:* ursprünglich in ionischen Tänzen verwendet, entweder mit Längen beginnend (*ā maiōre*) oder mit Kürzen (*ā minōre*).

Steigender und fallender Rhythmus
Beginnt ein Vers mit einer betonten Silbe, so hat er einen *fallenden Rhythmus*, beginnt er unbetont, so hat er einen *steigenden Rhythmus*.

Die letzte Silbe eines Verses, offene und geschlossene Silben
Die letzte Silbe einer Verszeile kann kurz oder lang sein, also ᴗ oder — gemessen werden. Im allgemeinen Schema kann man somit das Zeichen ᴗ̄ (oder auch *x*) verwenden. Man muss sich im konkreten Fall für Länge oder Kürze entscheiden und dabei offene (auf Vokal ausgehende) und geschlossene (auf Konsonanten ausgehende) Silben unterscheiden. Endsilben mit langem Vokal sind immer lang. Geschlossene Endsilben mit kurzem Vokal werden meist als lang gewertet (der Vokal aber kurz gesprochen): *a-mē-mus*: am Versende wird *-mus* lang gewertet, das *u* aber kurz gesprochen.

Positionslänge im Vers
Da ein Vers gleichsam als ein einziges langes Wort anzusehen ist, gelten die Gesetze für die Bewertung von Längen und Kürzen über die Wortgrenze hinaus. Positionslänge entsteht auch, wenn auf einen kurzen Vokal des einen Wortes zwei Konsonanten im nächsten Wort folgen:

——— ᴗᴗ — ᴗ — ᴗ——
Vīvāmus, mea Lesbi(a) atqu(e) amēmus / Catull, *c.* 5,1;
musm und *Lesb* sind positionslang; *a* am Ende von *Lesbia* und *e* am Ende von *atque* verschwinden durch Elision, *-mus* am Versende gilt als lang.
Leben wollen wir, meine Lesbia, und lieben.

Synalóephe, Elisión, Apháiresis
Endet ein Wort auf Vokal und beginnt das nächste mit einem Vokal, so verschmelzen die beiden miteinander. Das heißt Synaloephe (»Verschmierung«, griechisch *synaloiphé* gesprochen). Es gibt mehrere Möglichkeiten.

- Beide Vokale sind noch zu hören, der erste aber nur ganz kurz:
  Nam qui amat ...: man spricht kurzes *qui* statt langem *quī*.
- Manchmal wird der auslautende (erste) Vokal unterdrückt; dann spricht man von *Elision* (»Ausstoßung«).
  vīvāmus, mea Lesbi(a) atqu(e) amēmus / Catull, c. 5,1.
  Man hört nur das anlautende *a* von *atque* und *amēmus*, wahrscheinlich nicht das *a* am Ende von *Lesbia* und das *e* am Ende von *atque*.
  Berücksichtigen muss man auch hier, dass *h* keinen Lautwert hat.
  sed circumsiliēns mod(o) hūc, mod(o) illūc / Catull, c. 3,9.
  Man hört *modūc, mod illūc*.
  Auslautendes *-am, -em, -im, -om, -um* ist der Synaloephe oder der Elision unterworfen, weil auslautendes *m* tonschwach war, vielleicht sogar eine Nasalierung des vorausgehenden Vokals bewirkte wie im Französischen.
    - *vīsam t(e) incolum(em) audiamqu(e H)ibērum* / Catull, c. 9,6
      Man hört *vīsam tincolum audiamqu ibērum*.
    - *quīcum lūdere, qu(em) in sinū tenēre* / Catull, c. 2,7
      Man hört *quīcum lūdere, qu in sinū tenēre*.
    - *nunc i(am) illa nōn vult: tū quoqu(e), inpotēns, nōlī* / Catull, c. 8,9
      Man hört *nuncjilla nōn vult: tū quoqu inpotēns, nōlī*.
- Der anlautende (zweite) Vokal wird nicht gesprochen (*Aphaíresis*, »Wegnahme«). Diese »umgekehrte Elision« wird angewendet, wenn das zweite Wort eine mit *e* beginnende Form von *esse* ist.
  et quantum (e)st hominum venustiōrum / Catull, c. 3,2
  Man hört *et quantumstominum venustiōrum*.

Synizése
Die Gesetze der Synaloephe werden zum Teil auf das Wortinnere übertragen: Bisweilen werden zwei Silben, von denen die eine vokalisch auslautet, die andere vokalisch anlautet, als eine gewertet und entsprechend gelesen; das heißt *Synizese* (griechisch *syn-ízesis* »das Zusammen-auf-eins-Setzen«).
- *dein mīlle altera, dein secúnda centum* / Catull, c. 5,8:
  Man hört: *déin mīlláltera, dein secúnda céntum* (*ei* wie *éi* mit kurzem betontem *e* und noch kürzerem *i* gesprochen).

Iambenkürzung
Manchmal werden eigentlich lange Silben doch als kurze gewertet. Wenn in einem Wort zwei Silben hintereinander folgen, von denen die erste kurz, die zweite lang ist, dann ist dies eigentlich ein Iambus (υ —). Stehen diese beiden Silben ganz in nur einer Hälfte des Versfußes, also entweder ganz in der »Hebung« oder ganz in der »Senkung« (der häufigste Fall), dann wird die ursprüngliche Folge kurz–lang zu zwei Kürzen. Aus υ — wird υ υ.

Man nennt dies Iambenkürzung, die Regel heißt entsprechend *Iambenkürzungsgesetz* (IKG).
– *dīc nōbīs: volo tē ac tuōs amōrēs* / Catull, c. 6,16; *volo* statt *volō*.
  Man hört: *dīic nōobīis volotac tuoos amōorēes*
– *n(am) unguentum dabo, quod meae puellae* / Catull, c. 13,4;
  dabo statt *dabō*.
  Man hört: *n-unguentum dabo, quod meae puellae*.

Variable Wertung von Mutae + Liquidae
Die Kombination *Muta + Liquida* (stummer Verschlusslaut + länger anhaltbarer Laut), bewirkt üblicherweise keine Positionslänge (s. S. 16). Mutae sind: *b, p, ph; g, c, ch; d, t, th*. Liquidae sind: *l, r*. Liquidae können aber beliebig lang gehalten und ausgesprochen werden. Daher bewirkt die Kombination *Mutae + Liquidae* manchmal doch eine Positionslänge.
– *sīve in extrēmōs penetrābit Indōs* / Catull, c. 11,2; *netr* kurz.
  sollte er bis zu den Indern am Ende der Welt dringen
– *at vōbīs male sit, malae tenebrae* / Catull, c. 3,13; *nebr* als lang gewertet.
  Aber dir soll es schlecht ergehen, böse Dunkelheit in der Unterwelt!

Hiát
Manchmal werden an sich zu verschmelzende Wortausgänge und -anfänge doch getrennt gelesen. Es würde so ein *Hiát* entstehen, d.h. ein »Mundaufsperren« (*hiātus*), der Übergang von einem Vokal zum nächsten. Jedoch sind hier in der Regel Pausen im Vers vorgesehen (siehe nächster Abschnitt).
– *o factum male! | o miselle passer!* / Catull, c. 3,16
  O böses Geschehen. O du armes Spätzchen!
– *guttīs absterstī | omnibus articulīs* / Catull, c. 99,8
  Du hast [die Lippen] mit Wasser abgespült, abgewischt mit allen Fingern.

Pausen, Haltepunkte
Längere Versmaße haben an festen oder bevorzugten Stellen Pausen. Das heißt: Dort ist regelmäßig das Ende eines kleinen Satzabschnittes, wenigstens aber ein Wortende. Eine Pause wird bei der Analyse durch | gekennzeichnet. Sie kann sein
– *Zäsur*, wenn sie innerhalb eines Metrums oder Versfußes steht,
– *Dihärese*, wenn sie am Ende eines Metrums oder Versfußes steht.
Die Ausdrücke bedeuten beide »Trennung«, der erste ist lateinisch, der zweite griechisch; sie dienen der Unterscheidung der Pausentypen.
Im daktylischen Hexameter gibt es die folgenden häufigen Zäsuren:
– Zäsur nach dem fünften halben Metrum (griechisch *Penthemimerés*, »Fünfthalbteilige«):

— — — ⏑ ⏑ — ⏑ ⏑ — ⏑ ⏑ — ⏑ ⏑ — —
Urbs antīqua fuit | – Tyriī tenuēre colōnī – / Vergil, *Aeneis*, 1,12
Es gab da eine Stadt – Siedler aus Tyros bewohnten sie …
— — — — — ⏑ ⏑ — ⏑ ⏑ — ⏑ ⏑ — ⏑
Nūllī sē dīcit | mulier mea nūbere māllē / Catull, *c.* 70,1
Keinen, sagt mein Weib, wolle sie lieber heiraten.

– Zäsur nach dem dritten und nach dem siebten halben Metrum (*Trithemimerés* bzw. *Hephthemimerés*), oft in Kombination:
— ⏑ ⏑ — — — ⏑ ⏑ — ⏑ ⏑ — ⏑ ⏑ — —
Lesbia mī | praesente virō | mala plūrima dīcit / Catull, *c.* 83,1
Lesbia sagt über mich in Anwesenheit des Mannes sehr viel Schlechtes.

– Zäsur *katà tríton trocháion*, »nach dem dritten Trochäus« (= — ⏑), also kurz vor Ende des dritten Daktylus:
— — — — — ⏑ ⏑ — ⏑ ⏑ — ⏑ ⏑ — —
Hūc est mēns dēducta | tuā, mea Lesbia, culpā / Catull, *c.* 75,1
Hierher ist mein Gefühl hinabgeführt worden durch deine Schuld, meine Lesbia.

Eine Dihärese im daktylischen Hexameter ist die sogenannte *bukolische Dihärese*, eine Pause nach dem vierten Fuß des Hexameters. Sie heißt deswegen so, weil sie vor allem in Hirtendichtung (griechisch: *Bukolik*) vorkommt. Oft ist sie mit der *Penthemimerés* verbunden:

— ⏑ ⏑ — — — — — ⏑ ⏑ — ⏑ ⏑ — —
Īte, meae quondam fēlīx pecus, | īte capellae / Vergil, *Ecloge* 1,74
Geht, einst glückliche Herde, geht, ihr Ziegen!

— ⏑ ⏑ — ⏑ ⏑ — — — ⏑ ⏑ — ⏑ ⏑ — —
Nōs patriam fugimus. |Tū, Tītyre, | lentus in umbrā … / Vergil, *Ecloge* 1,4
Wir werden aus dem Vaterland vertrieben. Du, Tityrus, unbewegt im Schatten ...

Enjambement
Das Enjambement (»Hinüberspringen«) von einem Vers zum nächsten, d.h. eine Wortstellung, die keine Pause am Versende zulässt, schafft einen Langvers von besonderer Wirkung. Es entsteht z.B. der Eindruck atemloser Mitteilung von Dingen, die dem Sprecher besonders am Herzen liegen.

— ⏑ ⏑ — ⏑ ⏑ — — — — — ⏑ ⏑ — —
Nūlla potest mulier | tantum sē dīcer(e) amātam (hier keine Pause!)
— — — — — — ⏑ ⏑ — ⏑ ⏑ — —
vērē, quant(um) ā mē | Lesbi(a) amāta mea (e)st. / Catull, *c.* 87,1-2
Keine Frau kann sagen, dass sie so sehr von mir wahrhaftig
   geliebt worden ist, wie von mir Lesbia geliebt worden ist.

Wie betont man die Wörter im Vers?

Es ist umstritten, ob im Vers andere Betonungsregeln als in der Prosa gelten. Man weiß Folgendes:

1) Man kann sich schlecht vorstellen, dass irgend ein Römer in der Dichtung die Wörter anders betont hat als in der Prosa und normalen Sprache.

2) Die Römer haben den Versrhythmus dadurch bewirkt und gespürt, dass sie lange Silben deutlich langsamer als kurze aussprachen.

3) Die deutsche Dichtung lebt hingegen von einem Wechsel betonter und unbetonter Silben. Im 17. Jahrhundert hat es sich eingebürgert, den deutschen Rhythmus von betonten und nicht betonten Silben auf die lateinischen Verse zu übertragen, in denen eigentlich ein Rhythmus aus langen und kurzen Silben besteht.

Der Anfang von Vergils Aeneis lautet so:

arma virumque canō, Trōiae quī prīmus ab ōrīs
Ītaliam Lāvīnaque vēnit lītora ... / Vergil, *Aeneis* 1,1-2
Waffen und den Mann singe ich, der als Erster von Trojas Küsten
nach Italien und zum Strand von Lavinium gekommen ist ...

Dies wird in Prosa wie im Vers so gelesen:

árrma virúmmque cánoo, Tróiae quii príimus ab óoriis
Iitáliamm Laavíinaque véenit líitora ...

Es verstößt gegen das Lesen lateinischer Verse, wenn man so liest:

árma virúmque canó, Trōiáe quī prímus ab órīs
Ítaliám Lavínaque vénit lítora ...

Die Römer verwendeten die übliche Prosabetonung, hoben die betonten Silben nicht unnatürlich stark hervor, sprachen die langen Silben mit mehr Zeitaufwand aus, also *arm* in *arma* wie *arrm*, *canō* mit deutlich kurzem *a* und deutlich langem *ō*, das *I* und das *am* in *Ítaliam* nicht etwa gegen die Prosabetonung als *Í-tali-ám*, sondern *Iitáliamm*. So ergab sich der Rhythmus in Versen, ohne dass man gegen die übliche Betonung verstieß.

Die gegen die Normalbetonung verstoßende Leseweise wurde (leider) lange verwendet. Neuere Erkenntnisse sprechen dagegen. Wenn man ganz einfach der normalen Betonung folgt, ergibt sich der richtige Rhythmus. Man muss nur lang zu wertende Silben deutlich langsamer lesen. Dann merkt man, dass die erlernten Schemata mit Längen und Kürzen sich auch auf die Abfolge von betonten und nicht betonten Silben auswirken. Manche nicht betonten, aber als lang zu wertenden Silben erhalten durch das langsamere Lesen Gewicht.

In der Darstellung der einzelnen Versmaße auf den Seiten 25–38 wird daher in den Textbeispielen nur die üblicherweise betonte Silbe mit einem Akzent versehen (´). Aus den darüber abgedruckten Versschemata ergibt sich, welche Silben als lang gewertet werden. Beachte: Der Begriff »als lang gewertet« meint nur, dass die Silbe mehr Zeit beim Lesen erfordert, also langsamer gelesen / gesprochen werden soll. Die Aussprache des Vokals in dieser Silbe ist nur lang, wenn es sich um eine Naturlänge handelt.

Eine nur angenommene reine Versbetonung (sie heißt Iktus, »Schlag«) sollte gar nicht angewendet oder nur zur Einübung des Rhythmus erlernt und dann bald aufgegeben werden. Denn eigentlich meint Betonung im Lateinischen etwas anderes als im Deutschen. Im Deutschen wird Betonung durch verstärkten Atemausstoß erreicht (sogenannter exspiratorischer Akzent, von *exspirare* »ausatmen«). Im Lateinischen wurden betonte Silben mit anderer Tonhöhe gesprochen als unbetonte (sogenannter musikalischer Akzent). Leider weiß man nicht mehr, wie das klang und gemacht wurde. Abstimmung mit dem Lateinlehrer / der Lateinlehrerin ist erforderlich. Es ergeben sich die folgenden Ratschläge für das Lesen von Versen.

> ### Tipps
>
> – Lange Silben langsamer und kurze Silben kurz lesen und sprechen.
> – Nicht gegen die Normalbetonung betonen.
> – Die Normalbetonung nicht übertreiben.
> – Eine »Satzmelodie« entsteht von selbst, wenn man Folgendes beachtet:
>   – Alle Silben, die von Natur aus oder durch Position lang sind, werden deutlich langsamer gelesen, auch wenn sie nicht durch einen Akzent betont sind.
>   Beispiel: *árma vírummque cánoo, Tróoi-ae quii príimus ab óoriiis.*
>   – Nach deutschem Rhythmus und älterer Auffassung vermutete Versbetonung einer kurzen Silbe, die normalerweise nicht betont ist, muss unterlassen werden.
>   Beispiel:
>   — — — ᴗᴗ — — ᴗ ᴗ — ᴗ —
>   *ípsum mé mélior | cúm péteret Vénus...* (lies: Vénus, nie: Venús)
>   / Horaz c. 1,33,13
>   Als mich selbst eine günstiger gestimmte Venus haben wollte ...

Die wichtigsten Versmaße

Rhythmisches Lesen ergibt sich fast von selbst, wenn man nicht zu schnell liest und für alle natur- oder positionslangen Silben mehr Zeit aufwendet, sie also deutlich langsamer als die kurzen Silben liest. Ein Gefühl für den Rhythmus der einzelnen Versmaße wird durch das Auswendiglernen eines Beispiels erreicht.

Versanalysen können zwar das richtige Lesen fördern, dienen aber vor allem dem Erkennen besonderer Charakterzüge einzelner Verse: Z.B. bewirken viele Längen Langsamkeit und Nachdrücklichkeit, viele Kürzen Schnelligkeit und Leichtigkeit, viele Synaloephen den Eindruck einer schnellen oder gar überstürzten Äußerung, viele Pausen den Eindruck des Zögerns oder der Nachdrücklichkeit.

Daktylischer Hexámeter

Der *daktylische Hexameter* (»Sechsmaß«) ist das typische Versmaß in Epen und Lehrgedichten. Er besteht aus sechs Einheiten, die jeweils aus insgesamt zwei Längeneinheiten bestehen. Die zweite Hälfte jeder Einheit besteht entweder aus zwei Kürzen oder einer Länge (die die Zeit zweier Kürzen benötigt). In der fünften Einheit werden die zwei Kürzen nur selten durch eine Länge ersetzt, damit der Rhythmus deutlich bleibt. In der sechsten Einheit ist die zweite Hälfte eine Kürze oder eine Länge, so dass sich ein angenehm ausschwingender Schluss (— ᴗ ᴗ — ᴗ oder — ᴗ ᴗ — —) ergibt. Hört der Hexameter mit dem Element — ᴗ auf, endet er sozusagen etwas früher und man spricht dann gern vom »katalektischen« Hexameter (griech. *katalégo* = aufhören). Geschlossene (auf einen Konsonanten ausgehende) Endsilben kann man langsamer sprechen.

Das »Schema« des Hexameters ist also:

— ᴗ ᴗ — ᴗ ᴗ — ᴗ ᴗ — ᴗ ᴗ — ᴗ ᴗ — ᴗ

— — — ᴗ ᴗ — — — — — ᴗ ᴗ — —
tántae mólis érat | Románam cóndere géntem. / Vergil, *Aeneis* 1,33
So großer Aufwand gehörte dazu, das römische Volk zu gründen.

Die Möglichkeit, zwei Kürzen durch eine Länge zu ersetzen, macht das Metrum sehr variabel. Dadurch ist es möglich, den Inhalt durch die Gestaltung des Verses zu unterstreichen, ihn sozusagen hörbar zu machen.

— ᴗ ᴗ — ᴗᴗ — ᴗ ᴗ — ᴗ ᴗ — ᴗᴗ — —
Séd fúgit intérea, | fúgit írreparábile témpus / Vergil, *Georgica* 3,248
Aber unterdessen vergeht die Zeit, vergeht unwiederbringlich die Zeit.

— ᴗᴗ — ᴗ ᴗ — — — ᴗ ᴗ — ᴗᴗ — —
Ómnia, Cástor, émis: | síc fíet út ómnia véndas / Martial, *Epigramm* 7,98,1
Alles kaufst du dir, Castor; so wird es dazu kommen, dass du alles verkaufst.

— — — — — — — — — — ᴗ ᴗ — —
Éx áequo cáptis | ardébant méntibus ámbo / Ovid, *Metamorphosen* 4,62
Gleichermaßen waren ihre Herzen gefangen und brannten sie beide.

— — — — — — — — — ᴗᴗ — —
Únus quí nóbis | cunctándo restítuis   rém / Vergil, *Aeneis* 6,846
Du bist der Einzige, der uns durch Zögern den Staat wiederherstellt.

— — — — — — — — — ᴗ ᴗ — —
Durát(e) ét | vósmet rébus | serváte secúndis / Vergil, *Aeneis* 1,207
Haltet aus und bewahrt euch für günstige Verhältnisse!

— ᴗ ᴗ — ᴗ ᴗ — — — — — ᴗ ᴗ — —
Gútta cávat lápidem | nón ví, séd sáepe cadéndo. / Ovid, *Ex Ponto* 4,10,5
Der Tropfen höhlt den Stein nicht mit Gewalt, sondern indem er häufig fällt.

> **Tipp:** Diese Beispiele auswendig lernen.

Elegisches Distichon

Das elegische Distichon ist ein vor allem in Elegien und Epigrammen vorkommender Zweizeiler (griechisch: *Dístichon*). Dabei werden *Hexameter* und *Pentámeter* im Wechsel verwendet und bilden eine Einheit von zwei Versen. Der Pentameter ist ein Hexameter, dessen dritte und sechste Einheit jeweils um die zweite Hälfte verkürzt sind. Äußerlich gesehen entsteht so ein Versmaß, das um zwei halbe Einheiten = eine ganze Einheit kürzer ist (Pentameter = Fünfmaß). Dennoch hat der Pentameter wie der Hexameter sechs sogenannte Hebungen, jeweils auf der ersten Länge einer Einheit:

— ᴗ̄ ᴗ — ᴗ̄ ᴗ — ᴗ̄ ᴗ — ᴗ̄ ᴗ — ᴗ ᴗ — ᴗ̄
— ᴗ̄ ᴗ — ᴗ̄ ᴗ — | — ᴗ ᴗ — ᴗ ᴗ — ᴗ

— ⏑ ⏑ —   —   —⏑⏑—   ——⏑ ⏑——
Ód(i) ét ámo. | Quár(e) íd fáciam, | fortásse requíris.
— ⏑⏑ — ⏑⏑ — ⏑ ⏑ — ⏑⏑ —
néscio, séd fíeri | sénti(o) ét excrúcior. / Catull *c.* 85

Hassen und Lieben: mein Tun. Warum ich dies tue, fragst du vielleicht.
Ich weiß es nicht. Aber dass es geschieht, spüre ich – und werde am Kreuz gemartert.

Hinweis: Das *ā* in *fortásse* ist eventuell naturlang (Aussprache dann: *fortās-se*). Die letzte Silbe in *requíris* und *excrúcior* wird jeweils als lang gewertet, weil es eine geschlossene Silbe am Versende ist. Der Vokal selbst wird kurz gesprochen.

> Tipp: Dieses Beispiel auswendig lernen.

Im Pentameter treffen also in der Mitte vor und nach einer Pause zwei Tonstellen zusammen, und nur in der vorderen Hälfte können Kürzen durch Längen ersetzt werden. Friedrich Schiller hat dafür einen einprägsamen Merkvers geschrieben (allerdings wendet er die deutsche Betonung an):

Im Hexameter steigt des Springquells flüssige Säule,
    im Pentameter drauf fällt sie melodisch herab.   (Springquell = Fontäne)

Iambische Metren

Iambischer Trimeter

Der *iambische Trimeter* (»Dreimaß«) besteht aus drei Doppeliamben. Alle Kürzen außer der zweiten können durch eine Länge oder zwei Kürzen ersetzt werden. Alle Längen der zweiten Hälfte der Versfüße können durch zwei Kürzen ersetzt werden, die letzte Länge jedoch nur durch eine Kürze.

⏑⏑ ⏑⏑   ⏑⏑ ⏑⏑ ⏑⏑   ⏑⏑ ⏑⏑   ⏑⏑ ⏑⏑   ⏑⏑ ⏑   Variationen
⏑ —   ⏑ —   ⏑ —   ⏑ —   ⏑ —   ⏑ —   Grundschema

⏑ — ⏑ — ⏑   — ⏑ — ⏑ — ⏑ —
Quíd ést, Catulle? | Quíd moráris émori? / Catull, *c.* 52,1
Was ist, Catull? Was zögerst du zu sterben?

— — ⏑ — — ⏑⏑⏑ — — — ⏑ —
Fortúna fórtes métuit, | ignávos prémit. / Seneca, *Medea* 159
Fortuna fürchtet die Entschlossenen, die Faulen drückt sie zu Boden.

Iambischer Senar

Der *iambische Senar* (»Sechsfüßler«) ist das am häufigsten verwendete Versmaß der lateinischen Komödien des Plautus und Terenz. Phaedrus verwendet ihn in seinen Fabeln. Im iambischen Senar folgt wie im iambischen Trimeter auf einen unbetonten Teil (Senkung) ein betonter (Hebung). Aber der iambische Senar hat noch mehr Variationsmöglichkeiten als der iambische Trimeter. Im ersten Teil jeden Versfußes (der »Senkung«) können eine Kürze, zwei Kürzen oder eine Länge stehen. Im zweiten Teil (der »Hebung«) können zwei Kürzen oder eine Länge stehen. Der letzte Versfuß hat immer nur zwei Silben, die erste ist kurz, die zweite lang oder kurz. Der iambische Senar sieht also so aus (Grundschema in unterster Reihe):

‾ ‾ ‾ ‾ ‾
υυ υυ υυ υυ υυ υυ υυ υυ υυ υυ   υ
υ —   υ —   υ —   υ —   υ —   υ —

— — υ — —   —   — — υ — υ —
án rúri cénses | t(e) éss(e)? abscéd(e) áb aedibus. / Plautus, *Mostellaria* 7

[Der Sklave Tranio zu einem anderen Sklaven, der gerade ein unfeines Geräusch von sich gegeben hat:] Glaubst du, du bist hier auf dem Land? Mach dich sofort weg von diesem Haus!

υ — —υυ — υ υ — — υυ — υ —
Hábent insídias | hóminis blandítiae máli. / Phaedrus, *Fabulae* 19,1
In den Schmeicheleien eines bösen Menschen stecken Fallen.

Iambischer Oktonar

Der iambische Oktonar (»Achtfüßler«) besteht aus acht iambischen Elementen, die genauso frei variiert werden können wie im iambischen Senar. Allerdings sind im letzten Iambus nur die Elemente υ — und υ υ möglich, damit der Rhythmus deutlich bleibt. Aus demselben Grund ist im vierten Iambus nur das Element υ — möglich, wenn danach eine Pause folgt. Der iambische Oktonar sieht also so aus (Grundschema in unterster Reihe):

‾ ‾ ‾ ‾ ‾ ‾ ‾
υυ υυ υυ υυ υυ υυ   υυ υυ υυ υυ υυ υυ   υ
υ —   υ —   υ —   υ —   υ —   υ —   υ —   υ —

— υ υ — — — —   — υ υ — —   υ υ— υ —
núnc víd(e) útrum vís, argént(um) accíper(e) án cáusam meditári túam. /
Terenz, *Adelphoe* 195

Jetzt sieh, was du lieber willst: das Geld akzeptieren oder über deinen Prozess nachdenken. [So stellt ein junger Mann den Besitzer eines Mädchens vor die Wahl, eine viel kleinere Geldsumme als gefordert anzunehmen oder mit einem Prozess am Verkauf gehindert zu werden.]

Zur Erläuterung: Die acht Iamben sind so aufgefüllt:
núnc víd(e) ut/rum vís,/argént(um)/accíper(e)/án cáu/sam medi/tári/túam.
utr ist kurz nach der Muta-cum-Liquida-Regel (s. S. 16).

Hinkiambus

Der *Hinkiambus* stimmt mit dem iambischen Trimeter überein. Aber im letzten Fuß sind Länge und Kürze bzw. Hebung und Senkung vertauscht, die vorletzte Silbe ist nie kurz. Dadurch ändert sich der Rhythmus am Schluss und muss in der nächsten Verszeile wieder neu aufgebaut werden.

‿ — ‿ — ‿ — ‿ — ‿ — — ‿

— ‿ — — — ‿ — ‿ — — —

audíre grátis, | Áfer, ísta nón póssum. / Martial, *Epigramm* 4,37,10
Das kann ich wirklich nicht kostenlos hören. [Über jemanden, der beklagt, wie viel Geld ihm andere schulden.]

Galliambus

Der *Galliambus* hat viele Varianten (Grundschema in der unteren Reihe):

— ‿‿ — ‿‿ ‿‿ — ‿ — ‿ — — | ‿‿ — ‿‿ ‿ — ‿‿ ‿ —

‿‿ — ‿ — ‿ — — ‿‿ — ‿ ‿ ‿ ‿ —

álios ág(e) incitátos, | álios áge rápidos. / Catull, c. 63,93
Andere treibe, nachdem du sie angestachelt, andere treibe, wenn sie wild sind!
[Das Gedicht schildert, wie sich ein griechischer junger Mann in Ekstase entmannt, sich damit seiner Familie entfremdet und auf ewig ein Priester der Großen Göttin (Magna Mater, Kybele) bleibt. Diese Priester hießen *Galli*.]

Trochäische Metren

Trochäische Metren reihen eine größere Zahl von Trochäen aneinander, vor allem als Septenar (»Siebenfüßler«) und Oktonar (»Achtfüßler«). Sie sind besonders variabel. Denn in jedem ersten Teil eines Trochäus (der sogenannten Hebung) kann die Länge durch zwei Kürzen ersetzt werden. Im jeweils zweiten Teil (der sogenannten Senkung) können fast immer eine Kürze oder zwei Kürzen stehen, aber auch eine Länge. Damit der Rhythmus deutlich bleibt, vermeidet aber der Septenar eine Länge im zweiten Teil des siebten Fußes, der Oktonar zwei Kürzen im zweiten Teil des vierten und achten Fußes. Der Oktonar kennzeichnet so meist erregte Äußerungen.

Der Septenar hat noch ein Anhängsel an die sieben Trochäen, eine weitere kurze oder lange Silbe, er ist also ein verkürzter (katalektischer) Oktonar.

Der trochäische Septenar sieht so aus (Grundschema in unterster Reihe):

υυ ῡῡ   υυ ῡῡ   υυ ῡῡ   υυ ῡῡ   υυ ῡῡ   υυ ῡῡ   υυ   υ
—   υ   —   υ   —   υ   —   υ   —   υ   —   υ   —   υ   —

—   υ   —   —   υ — υ —   υ   υ   —   —   —   υ   —
nóstr(um) eg(o) húnc vicín(um) opínor éss(e) hómin(em) audác(em) ét málum/
                                                                     Plautus, *Mostellaria* 1078

Ich glaube, dass unser Nachbar hier ein verwegener und böser Mann ist.

Der trochäische Oktonar sieht so aus (Grundschema in unterster Reihe):

υυ ῡῡ   υυ ῡῡ   υυ ῡῡ   υυ   υυ ῡῡ   υυ ῡῡ   υυ ῡῡ   υυ
—   υ   —   υ   —   υ   —   υ.   —   υ   —   υ   —   υ   —   υ

—   υ   —   —   —   —   —   υ   —   —   —   —   —   —
Áeschin(e), áudi, né t(e) ignárum fúisse dícas méorum mórum! /
                                                                       Terenz, *Adelphoe* 160

[Ein Bordellbesitzer sagt drohend zu einem jungen Mann:] Aeschinus, hör' her, damit du nicht sagen kannst, du habest mein Geschäftsgebaren nicht gekannt!

Die acht trochäischen Elemente: *Aes-chin(e) /, au-di / ne t(e) ig- / narum / fuisse / di-cas / meorum / morum.* Das *e* am Ende von *Aeschine* und das *ē* am Ende von *tē* fallen durch Elision weg (s. S. 20 oben). Das *ui* in *fuisse* wird einsilbig gesprochen (etwa wie *fü* oder *ui* im deutschen *pfui*), ebenso das *meo* in *meorum* (fast wie *meu*); in diesen beiden Silben gibt es eine

Synizese (s. S. 20). Die Silbe *rum* in *morum* wird als lang gewertet, weil es sich um eine geschlossene Silbe am Versende handelt (s. S. 19).

Hendecasýllabus

Der Hendecasyllabus (Elfsilbler) ist vor allem in kleinen Gedichten häufig, insbesondere in denen Catulls. Er kann mit zwei Kürzen oder zwei Längen beginnen und mit einer Kürze oder Länge enden. Die Zäsur steht entweder nach der fünften oder der sechsten Silbe.

— ⏑⏑ — ⏑⏑ — | ⏑ — ⏑ — ⏓

— — — ⏑⏑ —   ⏑ —   ⏑ — —
pásser mórtuus ést | méae puéllae / Catull, c. 3,3
Tot ist der Sperling meines Mädchens.

— — — ⏑⏑ —   ⏑ — ⏑ — —
Cúius vís fíeri, | libélle, múnus? / Martial, *Epigramm* 3,2,1
Wem willst du, kleines Buch, gewidmet werden?

| Tipp: | Das Gedicht 5 Catulls auswendig lernen (Text S. 43). |

Archilochische Strophen

Der griechische Dichter Archilochos von der Insel Paros (7. Jh. v. Chr.) hat wahrscheinlich erstmals unterschiedliche metrische Elemente in Vers- und Strophenform zusammengefügt.

Erste archilochische Strophe

Die Strophe beginnt mit einem daktylischen Hexameter, im nächsten Vers folgt ein katalektischer daktylischer Tetrámeter (vier Daktylen, aber der letzte Versfuß hat nur das Element lang/kurz). Dann wird beides wiederholt.

— ⏑⏑ — ⏑⏑ — | ⏑⏑ — ⏑⏑ — ⏑⏑ — ⏓
  — ⏑⏑ — ⏑⏑ — | ⏑⏑ — ⏓
— ⏑⏑ — ⏑⏑ — | ⏑⏑ — ⏑⏑ — ⏑⏑ — ⏓
  — ⏑⏑ — ⏑⏑ — | ⏑⏑ — ⏓

$$— \, \cup\cup — \cup\cup — \quad —— \quad —— \cup \, \cup ——$$
dánt álios Fúriae | tórvo spectácula Márti,
$$—\cup\cup— \quad \cup\cup— \quad \cup \, \cup ——$$
exítio (e)st ávidum | máre náutis;
$$—\cup \, \cup \quad —\cup \, \cup— \quad —— \quad —\cup\cup ——$$
míxta sén(um) ac iúvenum | denséntur fúnera, núllum
$$— \, \cup \, \cup— \quad ——\cup\cup——$$
sáeva cáput Prosérpina fúgit. / Horaz, c. 1,28,17-20

Die Furien wiederum geben andere Menschen dem grimmigen Mars zum Schauspiel. / Verderben bringt das gierige Meer den Seefahrern. / Dicht bei dicht liegen die Gräber von alten und jungen Männern, vor keinem / Haupt scheut die grausame Proserpina [*Unterweltsgöttin*] zurück.

Zweite archilochische Strophe

Die Strophe besteht aus einem *daktylischen Hexameter* und einem sogenannten *Hemiepés* (halber epischer Vers). Das Hemiepes sieht aus wie die erste Hälfte eines Hexameters (bis zur dritten »Hebung«). Im Hemiepes werden die Kürzen nicht durch Längen ersetzt; es darf auch keine Elisionen haben. Die Verdoppelung dieser Versfolge ergibt eine vierzeilige Strophe.

$$—\overline{\cup\cup}—\overline{\cup\cup}—|\overline{\cup\cup}—\overline{\cup\cup}—\cup\cup—\overset{\cup}{\cup}$$
$$—\cup\cup—\cup\cup\overset{\cup}{—}$$
$$—\overline{\cup\cup}—\overline{\cup\cup}—|\overline{\cup\cup}—\overline{\cup\cup}—\cup\cup—\overset{\cup}{\cup}$$
$$—\cup\cup—\cup\cup\overset{\cup}{—}$$

$$———\cup \, \cup— \quad \cup \, \cup— \quad — \quad —\cup \, \cup ——$$
Diffugére níves, | rédeunt iám grámina cámpis
$$—\cup \, \cup— \quad \cup \, \cup—$$
arboribúsque cómae,
$$—— \quad —\cup \, \cup— \quad —— \quad —\cup \, \cup ——$$
mútat térra víces | ét decrescéntia rípas
$$—\cup \, \cup \quad —\cup \, \cup—$$
flúmina praetéreunt / Horaz, c. 4,7,1-4

In alle Richtungen sind die Schneemassen geflohen. Zurück kehren schon die Grasdecken auf die Felder und auf die Bäume das üppige Haar. / Die Erde wechselt ihre Rollen und an den Ufern strömen die Flüsse mit abnehmender Stärke vorbei.

Dritte archilochische Strophe

Sie wird aus folgenden Elementen gebildet:
- *größerer Archilochius*, der seinerseits zusammengesetzt ist aus
  - vier daktylischen Elementen (— υυ — υυ — υυ — υυ) und
  - drei Trochäen (— υ — υ — υ)
- *katalektischer iambischer Trimeter*: υ — υ — υ | — υ — υ — υ (der sechste Iambus ist um ein Element verkürzt).

Die Verdoppelung dieser Abfolge ergibt eine vierzeilige Strophe:

—̄ υυ —̄ υυ — | —̄ υυ —̄ υυ | — υ — υ —̄
υ —̄ υ —̄ υ | — υ — υ —̄
—̄ υυ —̄ υυ — | —̄ υυ —̄ υυ | — υ — υ —̄
υ —̄ υ —̄ υ | — υ — υ —̄

— υ υ — υυ — υυ — υ υ — υ — υ — —
núnc décet áut víridi | nítidum cáput | impedíre myrto
— — υ — — — υ — υ — —
áut flóre, térrae | quém férunt solútae;
— υ υ — — — — υ υ — υ — υ — —
núnc ét ín umbrósis | Fáuno décet | immoláre lúcis,
— — υ — υ — υ — υ — —
séu póscat ágna, | síve málit háedo. / Horaz, c. 1,4,9-12

cis in *lúcis* als auslautende geschlossene Silbe lang gewertet.

Jetzt ist es angemessen, das glänzend gegelte Haar zu bekränzen entweder mit grünender Myrte / oder mit Blüten, die die Erde jetzt überall hervorbringt, nachdem sie vom Eis befreit ist. / Jetzt ist es auch angemessen, in schattigen Hainen dem [Naturgott] Faunus ein Opfer zu bringen / ob er nun fordert, dass man mit einem Lamm opfert, oder ob er es lieber hat, dass man mit einem Böckchen opfert.

Alkäische Strophe

Sie wurde häufig von dem griechischen Lyriker Alkaios aus Mytilene auf Lesbos (um 600 v. Chr.) verwendet. Horaz hat sie in die römische Literatur eingeführt und häufig verwendet. Sie besteht aus zwei alkäischen Elfsilblern sowie je einem alkäischen Neun- und Zehnsilbler. Die beiden Elfsilbler haben steigenden Rhythmus. Der Neunsilbler beginnt meist mit einer Länge und kann mit einer Länge oder Kürze enden. Dadurch bildet er den Übergang zum fallenden Rhythmus des abschließenden Zehnsilblers.

```
‾υ — υ — — | — υυ — υ —υ
‾υ — υ — — — υυ — υ —υ
‾υ — υ — — — υ — υ‾
  — υυ — υυ — υ —υ‾
```

υ — υ — —   — υ υ — υ —
frúi parátis | ét válido míhi,
— — υ — —   —   υ υ   —υ —
Latóe, dónes, | ét – précor – íntegra
—   — υ — — —   υ — —
cúm ménte, néc túrpem senéctam
— υ υ   —   υ υ —   υ — —
dégere, néc cíthara caréntem. / Horaz, c. 1,31,17-20

tam in *senéctam* und *tem* in *caréntem* sind lang gewertete, aber dennoch mit kurzem Vokal zu sprechende Schlusssilben.

Dass ich genieße, was ich mir geschaffen habe, schenke mir bitte, Latonasohn [Apoll], und dass ich dabei körperlich gesund bin und – darum bitte ich – bei unversehrtem Sinn, und dass ich weder ehrvergessen mein Alter verbringe noch ohne Kithara.

Glykonéische Strophe

Sie besteht aus je drei *Glykonéi* (nach dem griechischen Dichter Glykon, Lebenszeit unbekannt) und einem *Pherekratéus* (nach dem griechischen Komödiendichter Pherekrates, 5. Jh. v. Chr.). Zentrales Element beider Versmaße ist ein Choriambus (— υ υ —). Der abschließende Pherekrateus ähnelt dem Glykoneus, aber am Ende fehlt ein Element (Länge oder Kürze).

```
‾υ | — υ υ — | υ —υ
‾υ | — υ υ — | υ —υ
‾υ | — υ υ — | υ —υ
υ— | — υ υ — | υ‾
```

— — — υυ — υ —
ó Latónia, máximi
—   υ — υ υ — υ —
mágna progénies Ióvis,
—   — —   υ υ   —υ —
quám máter própe Déliam
—   υ — υ   υ —υ
deposívit olívam / Catull, c. 34,5-8

O Latonatochter, des größten / Jupiter große Nachkommenschaft, / die die Mutter beim delischen / Olivenbaum abgelegt hat.

vis in *Ióvis* und *am* in *Déliam* und *olívam* sind lang gewertete Schlusssilben.

Asklepiadeische Strophen

Sie sind nach dem griechischen Dichter Asklepiádes benannt, der um 300 v. Chr. auf Samos lebte. Es gibt den *Asklepiadéus minor* und den etwas längeren *Asklepiadéus maior*.

Erste asklepiadeische Strophe

Sie besteht aus einem *Asklepiadeus minor*; das ist ein um einen *Choriambus* (— υ υ —) erweiterter *Glykoneus* (siehe oben: Glykoneische Strophe). Die letzte Silbe kann lang oder kurz sein:

— — — υ υ — | — υ υ — υ $\stackrel{υ}{—}$

— — — υ υ   —   — υ υ — υ —
ó ét pràesídi(um) ét | dúlce décus méum / Horaz, c. 1,1,2
um in *méum*: lang gewertete Schlusssilbe
O mein Schutz und mein süßes Ziel!

Zweite asklepiadeische Strophe

Auf drei *Asklepiadei minores* folgt ein *Glykoneus*. In jedem Vers kann die letzte Silbe lang (—) oder kurz (υ) sein.

— — — υυ — — υ υ — υ —
ípsum mé mélior | cúm péteret Vénus,
— — — υυ — — υ υ — υ —
gráta   detínuit | cómpede Mýrtale
— — — υ υ — — υυ — υ —
libertína, frétis | ácrior Hádriae
— — — υ υ — υ —
curvántis Cálabros sínus. / Horaz, c. 1,33,13-16

Als mich selbst eine günstigere Venus haben wollte, / hat mich mit einer Fußfessel, die mir willkommen war, Myrtale festgehalten, / eine freigelassene Sklavin, die wilder war als die stürmischen Fluten der Adria, wenn sie immer tiefer in Calabriens Buchten einschneidet.

Dritte asklepiadeische Strophe

Sie besteht aus zwei *Asklepiadei minores*, denen ein *Pherekrateus* und ein *Glykoneus* folgen. In jedem Vers kann die letzte Silbe lang (—) oder kurz (ᴗ) sein.

— — — ᴗ ᴗ — — ᴗᴗ — ᴗ —
Diánam ténerae | dícite vírgines,
— — — ᴗᴗ — — ᴗᴗ — ᴗ —
intónsum púeri | dícite Cýnthium
— — — ᴗ ᴗ — —
Latonámque suprémo
— — — ᴗᴗ — ᴗ —
diléctam pénitus Ióvi. / Horaz, c. 1,21,1-4

Diana besingt, ihr zarten Mädchen, / den Gott vom Berge Kynthos [Apoll], der noch nicht die Haare abrasiert bekommen hat, besingt, ihr Jungen, / und alle Latona, die vom höchsten Jupiter so tief geliebt wurde!

Vierte asklepiadeische Strophe

Einem Glykoneus folgt ein *Asklepiadeus minor*. Die Verdoppelung dieser Versfolge ergibt die vierzeilige Strophe. In jedem Vers kann die letzte Silbe lang (—) oder kurz (ᴗ) sein.

— — — ᴗ ᴗ — ᴗ —
tótum múneris hóc túi (e)st,
— — — ᴗᴗ — — ᴗ ᴗ —ᴗ—
quód mónstror dígito | praetereúntium
— — — ᴗᴗ — ᴗ —
Románae fídicen lýrae:
— — — ᴗ ᴗ— — ᴗᴗ— ᴗ —
quód spír(o) ét pláceo, | sí pláceo, túum (e)st. / Horaz, c. 4,3,21-24

Es ist ganz die Wirkung deines Geschenks, / dass ich vom Zeigefinger der Vorbeigehenden gekennzeichnet werde / als der Sänger der Römischen Lyra; / dass ich atme und dass ich gefalle – wenn ich gefalle –, ist dein Verdienst. [zur Muse Melpomene]

Fünfte asklepiadeische Strophe

Jeder Vers ist ein sogenannter *Asklepiadeus maior*. Das ist ein *Asklepiadeus minor*, in dessen Mitte ein *Choriambus* (— ʊ ʊ —) eingefügt wurde. Der lange Vers wird durch zwei Zäsuren in drei Abschnitte gegliedert. Vier Verse bilden eine Strophe.

— — — ʊ ʊ — | — ʊ ʊ — | — ʊ ʊ — ʊ ʊ

— — — ʊ   ʊ —   — ʊʊ   —   — ʊ ʊ —   ʊ —
quís post vína grávem | milíti(am) aut | paupériem crépat? / Horaz c. 1,18,5
Wer schimpft nach vielen Gläsern Wein auf den harten Kriegsdienst oder die Armut?

Hipponaktéische Strophe

Sie ist nach dem griechischen Dichter Hippónax benannt, der im 6. Jh. v. Chr. lebte): Auf dreieinhalb *Trochäen* (einen katalektischen trochäischen Dimeter) folgen fünfeinhalb *Iamben* (ein katalektischer iambischer Trimeter). Die Verdoppelung dieser Versfolge ergibt eine vierzeilige Strophe.

— ʊ — ʊ — ʊ — ʊ
ʊ — ʊ — ʊ | — ʊ — ʊ — ʊ
— ʊ — ʊ — ʊ — ʊ
ʊ — ʊ — ʊ | — ʊ — ʊ — ʊ

— ʊ —   ʊ   — ʊ —
Nón ébur, néqu(e) áureum
  ʊ —   ʊ — ʊ   — ʊ — ʊ — —
  méa   renídet | ín dómo lacúnar,
—   ʊ —   ʊ —   ʊ —
nón trábes Hyméttiae
    ʊ —   ʊ — —   — ʊ —   ʊ — —
  prémunt colúmnas | última   recísas / Horaz c. 2,18,1-4
Nicht den Glanz von Elfenbein noch den von Gold / wirft in meinem Haus die Decke zurück, / nicht drücken Balken aus Hymettischem Marmor auf Säulen, die am Rande Afrikas, [*wie sich aus der nächsten Zeile ergibt*] zugeschnitten worden sind ...

Ionische Strophe

Sie besteht aus zehn aufeinanderfolgenden *Ionici a minore* (υυ — —).

υ υ — —   υ   υ — — υ υ — —
Miserárum (e)st néqu(e) amóri   dáre lúdum,
 υ υ — — υ υ — — υ υ   — —
néque dúlci mála víno láver(e) áut ex-
υ υ — —   υ υ — —   υ υ — — υ υ — —
animári   metuéntis pátruae vérbera línguae. / Horaz, *c.* 3,12,1-3

Unglücklichen Frauen ist es auferlegt, weder der Liebe freies Spiel zu geben noch mit süßem Wein die Übel wegzuwaschen oder in Angst vor den Schlägen der Rede des Onkels das Leben zu verlieren.

Sapphische Strophe

Die *Sapphische Strophe* wurde gern von der griechischen Dichterin Sappho von der Insel Lesbos (7. Jh. v. Chr.) verwendet. Sie besteht aus jeweils drei Elfsilblern und einem Adonéus (dem Vers der Klage um den toten Adonis: *ó ton Adónin*, »ách, der Adónis«). Die dritte Länge kann durch eine Kürze, die Kürze am Versende durch eine Länge ersetzt werden.

— υ —   — —   υ υ — υ — υ
áuream quísquis | mediocritátem
— υ — —   υ υ   — υ — —
díligit, tútus | cáret   obsoléti
— υ — —   υ υ — υ — —
sórdibus   técti, | cáret invidénda
— υυ — —
sóbrius áula. / Horaz, *c.* 2,10,5-8

Jeder, der den goldenen Mittelweg / wählt, ist sicher und frei von des verlassenen / Hauses Schmutz, frei vom neiderregenden/ Schlosshof, weil nüchtern denkend.

Beispiel für die Analyse eines lateinischen Textes

Vorweg eine Übersetzung von Catulls *carmen* 5:

1 Leben wollen wir, meine Lesbia, und das meint: lieben wollen wir,
2 und wir wollen das Gerede der allzu strengen Greise
3 alles für einen As (= *Pfennig*) wert halten.
4 Sonnen können untergehen und wiederkehren:
5 Wenn uns erst einmal das kurze Licht untergegangen ist,
6 müssen wir eine einzige zusammenhängende Nacht schlafen.
7 Gib mir Küsse: tausend, dann hundert,
8 dann ein zweites Tausend, dann ein zweites Hundert,
9 dann immer weiter ein anderes Tausend, dann hundert.
10 Wenn wir dann viele Tausende bilanziert haben,
11 werden wir sie durcheinanderbringen, damit wir nicht wissen
12 oder irgend ein Böser neidisch sein kann,
13 weil er weiß, dass es so viele Küsse sind.

Analysiert man in Catulls Gedicht die Längen (sowohl Naturlängen als auch Positionslängen) und Kürzen, so ergibt sich:

```
——— ʋ ʋ — ʋ(ʋ) — (ʋ) ʋ — —
```
1 Vivamus, mea Lesbi(a), atqu(e) amemus,

Vī: naturlang (langes *ī*); **vā:** naturlang (langes Konjunktivzeichen *ā*); **musm:** positionslang (auf kurzes *u* folgen zwei Konsonanten); **me:** kurz; **a:** kurz; **Lesb:** positionslang (auf kurzes *e* folgen zwei Konsonanten); **bi:** kurz; **a:** kurz, wird vor dem folgenden *a* elidiert; **atqu:** positionslang (auf kurzes *a* folgen zwei Konsonanten); **qu(e)a:** *e* elidiert, *a* kurz; **mē:** naturlang (langes Konjunktivzeichen *ē*); **mus:** als Schlusssilbe trotz kurzem Vokal lang gewertet.

```
——— ʋ ʋ— ʋ—ʋ——
```
2 rumoresque senum severiorum

rū: naturlang (langes *ū*); **mō:** naturlang (langes *ō*); **rēsqu:** naturlang (lange Akkusativ-Plural-Endung *ēs*); **que:** kurz; **se:** kurz; **nums:** positionslang (auf kurzes *u* folgen zwei Konsonanten); **se:** kurz; **vē:** naturlang (langes *ē*); **ri:** kurz; **ō:** naturlang (langes *ō*); **rum:** als Schlusssilbe trotz kurzem Vokal lang gewertet.

```
—— —υ υ  —υ—  υ ——
```
3 omnes unius aestimemus assis!

omn: positionslang (auf kurzes *o* folgen zwei Konsonanten); **nēs:** naturlang (langes *ē* in der Akkusativ-Plural-Endung); **ū:** naturlang (langes *ū*); **nī:** eigentlich naturlang (langes *ī* in *ūnīus*), aber Catull misst das *i* hier kurz; **us:** kurz; **aest:** naturlang (Doppelvokal = Diphthong *ae*); **i:** kurz; **mē:** naturlang (langes Konjunktivzeichen *ē*); **mus:** kurz; **ass:** positionslang (auf kurzes *a* folgen zwei Konsonanten); **is:** als Schlusssilbe trotz kurzem Vokal lang gewertet.

```
—— — υ υ(υ)  — υ — υ  — —
```
4 Soles occider(e) et redire possunt:

sō: naturlang (langes *ō*); **lēs:** naturlang (langes *ē* in der Nominativ-Plural-Endung); **occ:** positionslang (auf kurzes *o* folgen zwei Konsonanten); **i:** kurz; **de:** kurz; **re:** kurz; **etr:** positionslang (auf kurzes *e* folgen zwei Konsonanten, die in diesem Fall mal als längend, mal als nicht längend gewertet werden können, denn es handelt sich um die Abfolge *Muta cum liquida* (stummer Verschlusslaut + fließender Konsonant); **red:** kurz; **ī:** naturlang (langes *ī*); **re:** kurz; **poss:** positionslang (auf kurzes *o* folgen zwei Konsonanten); **sunt:** positionslang (auf kurzes *u* folgen zwei Konsonanten).

```
—— — υ υ —υ— υ — —
```
5 Nobis, cum semel occidit brevis lux,

nō: naturlang (langes *ō*); **bisc:** naturlang (langes *ī*); **cums:** positionslang (auf kurzes *u* folgen zwei Konsonanten); **se:** kurz; **mel:** kurz; **occ:** positionslang (auf kurzes *o* folgen zwei Konsonanten); **i:** kurz; **ditbr:** positionslang (auf kurzes *o* folgen mindestens zwei Konsonanten); **bre:** kurz; **visl:** positionslang (auf kurzes *i* folgen zwei Konsonanten); **lūx:** naturlang (langes *ū*).

```
—— — υυ(υ)  — υ  — υ — υ
```
6 nox est perpetu(a) una dormienda.

nox: positionslang (auf kurzes *o* folgt der Doppelkonsonant *x*, der aus *c* und *s* zusammengesetzt ist); **estp:** positionslang (auf kurzes *e* folgen mindestens zwei Konsonanten); **perp:** positionslang (auf kurzes *e* folgen zwei Konsonanten); **pe:** kurz, wird vor dem folgenden *u* elidiert; **tu:** kurz; **a:** kurz; **ū:** naturlang (langes *ū*); **na:** kurz (*Nom. Sg. f.*); **dorm:** positionslang (auf kurzes *o* folgen zwei Konsonanten); **i:** kurz (das *i* im Stammauslaut ist lang, aber vor einem nachfolgenden Vokal wird es kurz gesprochen: *Vocalis ante vocalem corripitur*, »Vokal vor Vokal wird gekürzt«); **end:** positionslang (auf kurzes *e* folgend zwei Konsonanten); **a:** kurz (*Nom. Sg. f.*).

```
    υ — —υυ — υ  — υ  —υ
7  Da mi   basia: mille, deinde centum,
```

da: kurz (normalerweise hat der Imperativ der Verben der *ā*-Konjugation ein langes *ā*, aber im Imperativ von *dare* ist das *a* kurz); **mī:** naturlang (langes *ī*, zudem noch aus der Zusammenziehung (Kontraktion) von *mihī* entstanden); **bā:** naturlang (langes *ā*); **si:** kurz; **a:** kurz (*Akk. Pl. n.*); **mīl:** naturlang (langes *ī*); **le:** kurz; **deind:** *ei* als naturlanger Diphthong behandelt; **de:** kurz; **cent:** positionslang (auf kurzes *e* folgen zwei Konsonanten); **tum:** als Schlusssilbe trotz kurzem Vokal lang gewertet.

```
    —   —(υ) —υυ — υ— υ ——
8  dein  mill(e) altera, dein secunda centum,
```

deinm: naturlang (Diphthong *ei*); **mīl:** naturlang (langes *ī*); **le:** kurz, das *e* entfällt durch Elision; **alt:** positionslang (auf kurzes *a* folgen zwei Konsonanten); **te:** kurz; **ra:** kurz (*Akk. Pl. n.*); **deins:** naturlang (Diphthong); **se:** kurz; **cund:** positionslang (auf kurzes *u* folgen zwei Konsonanten); **da:** kurz (*Akk. Pl. n.*); **cent:** positionslang (auf kurzes *e* folgen zwei Konsonanten); **tum:** als Schlusssilbe trotz kurzem Vokal lang gewertet.

```
    —  (υ) —  (υ) —υυ  —υ — υ ——
9  deind(e) usqu(e) altera mille, deinde centum.
```

deind: naturlang (Diphthong *ei*); **deūsqu** (*e* entfällt durch Elision)**:** naturlang, langes *ū*; **qu(e)alt** (*e* entfällt durch Elision)**:** positionslang (auf kurzes *a* folgen zwei Konsonanten); **te:** kurz; **ra:** kurz (*Akk. Pl. n.*); **mīl:** naturlang (langes *ī*); **le:** kurz; **deind:** naturlang (Diphthong *ei*); **de:** kurz; **cent:** positionslang (auf kurzes *e* folgen zwei Konsonanten); **tum:** als Schlusssilbe trotz kurzem Vokal lang gewertet.

```
    —   —  —υυ — υ  —υ——
10 Dein, cum  milia multa  fecerimus,
```

deinc: naturlang (Diphthong *ei*); **cumm:** positionslang (auf kurzes *u* folgen zwei Konsonanten); **mī:** naturlang (langes *ī*); **li:** kurz; **a:** kurz (*Akk. Pl. n.*); **mult:** positionslang (auf kurzes *u* folgen zwei Konsonanten); **ta:** kurz (*Akk. Pl. n.*); **fē:** naturlang (Perfektstamm *fēc* von *facere*); **ce:** kurz; **rī:** im älteren

Latein noch lang, später als kurz gewertet: vgl. das variable Konjunktivzeichen *i/ī*; **mus:** als Schlusssilbe trotz kurzem Vokal lang gewertet.

— — — — ᴗ ᴗ —ᴗ — ᴗ — ᴗ
11 conturbabimus illa, ne sciamus

cont: positionslang (auf kurzes *o* folgen zwei Konsonanten); **turb:** positionslang (auf kurzes *u* folgen zwei Konsonanten); **bā:** naturlang (langes ā); **bi:** kurz; **mus:** kurz; **ill:** positionslang (auf kurzes *i* folgen zwei Konsonanten); **la:** kurz; **nē:** naturlang (langes ē); **sci:** kurz (eigentlich ist das stammauslautende *ī* in der *ī*-Konjugation lang, aber vor einem folgenden Vokal wird es kurz); **ā:** naturlang (langes Konjunktivzeichen *ā*); **mus:** als Schlusssilbe trotz kurzem Vokal lang gewertet.

— — — — ᴗ ᴗ —ᴗ— ᴗ — —
12 aut ne quis malus invidere possit,

aut: naturlang (Doppelvokal = Diphthong *au*); **nēqu:** naturlang (langes ē); **quism:** positionslang (auf kurzes *i* folgen zwei Konsonanten); **ma:** kurz; **lus:** kurz; **inv:** positionslang (auf kurzes *i* folgen zwei Konsonanten); **vi:** kurz (Präsensstamm); **dē:** naturlang (Stamm-*ē* der *ē*-Konjugation); **re:** kurz; **poss:** positionslang (auf kurzes *o* folgen zwei Konsonanten); **sit:** als Schlusssilbe trotz kurzem Vokal lang gewertet.

— — — — ᴗᴗ — ᴗ — ᴗ— —
13 cum tantum sciat esse basiorum.

cumt: positionslang (auf kurzes *u* folgen zwei Konsonanten); **tant:** positionslang (auf kurzes *a* folgen zwei Konsonanten); **umsc:** positionslang (auf kurzes *u* folgen drei Konsonanten); **sci:** kurz (eigentlich ist das stammauslautende *ī* in der *ī*-Konjugation lang, aber vor einem folgenden Vokal wird es kurz, vgl. S. 41 oben); **at:** kurz; **ess:** positionslang (auf kurzes *e* folgen zwei Konsonanten); **se:** kurz; **bā:** naturlang (langes ā); **si:** kurz; **ō:** naturlang (langes ō); **rum:** als Schlusssilbe trotz kurzem Vokal lang gewertet.

Daraus ergibt sich die folgende Prosabetonung:

1 Vivámus, méa Lésbi(a), átque amémus,
2 rumorésque sénum severiórum
3 ómnes únius aestimémus ássis!
4 Sóles occíder(e) ét redíre póssunt:
5 Nóbis, cúm sémel óccidit brévis lúx,
6 nóx ést perpétu(a) úna dormiénda.
7 Dá mi básia: mílle, déinde céntum,
8 déin míll(e) áltera, déin secúnda céntum,
9 déind(e) úsqu(e) áltera mílle, déinde céntum.
10 Déin, cúm mília múlta fecerímus,
11 conturbábimus ílla, né sciámus
12 aút né quís málus invidére póssit,
13 cúm tántum scíat ésse basiórum.

Zum Versschema vgl. Hendecasyllabus, S. 31.

Metrik als Interpretationshinweis

Es lässt sich feststellen, dass Catull nur in Vers 7 mit einer kurz zu wertenden Silbe beginnt. Dadurch lässt sich der Abschnitt 7–9 inhaltsgerecht etwas schneller lesen.

Elisionen erfolgen in den Versen 1, 4, 6, 8, 9. In 1, 8 und 9 dienen sie wieder dem schnelleren Lesen und helfen, einen stürmischen Eindruck zu machen. In 4 entsteht die Silbenfolge *ret red* und unterstreicht das Gleichförmige und Unzerstörbare des kosmischen Geschehens. In 6 folgen dadurch zwei *u* aufeinander. Ähnliches zeigt sich in anderen Texten. Durch die Wahl von mehr Längen oder mehr Kürzen in einem Vers und durch bestimmte Vokalabfolgen, bei denen Elisionen helfen, entsteht ein inhaltsgerechter Eindruck.

So macht Catull den Treueschwur einer Frau und seine Liebe in folgender Weise besonders nachdrücklich:

— — —   — —   — — — — — ʊ ʊ — —
Dicébas quóndam sólum té nósse Catúllum / Catull, *c.* 72,1
Einst sagtest du immer wieder, du habest Augen nur für Catull.

— — — — — — — — — — ⏑ ⏑ — —
Di-léx-i túm té nón tánt(um), ut vúlgus amícam / Catull, c. 72,3
Damals habe ich dich geliebt – nicht so, wie das gemeine Volk eine Freundin.

Der Dichter Horaz stellt in seiner Satire 1,9 dar, wie er – mit seiner Dichtung beschäftigt – auf der Via Sacra von jemandem gestört wird. Dieser Jemand will in den Kreis des berühmten und finanziell großzügigen Maecenas eingeführt werden. Die ersten drei Verse der Satire lauten so:

— — — ⏑ ⏑ — — — — — ⏑ ⏑ — —
Íbam fórte vía   Sácra – sícut   méus est mós
— ⏑⏑ — ⏑ ⏑ — — — — ⏑ ⏑ — —
néscioquid méditans nugárum, tótus in íllis.
— — — — — — ⏑⏑ — ⏑⏑ —
Accúrrit quídam nótus   míhi nómine tántum …

Durch Zufall ging ich ging gerade auf der Heiligen Straße – so wie ich es gewohnt bin, über irgendeine dichterische Kleinigkeit nachdenkend, ganz darin versunken. Da läuft jemand heran, den ich nur dem Namen nach kenne …

Horaz schildert sein Schlendern mit vielen Längen, er hat es nicht eilig, ist in Gedanken. Aber warum schildert er das plötzliche Heranlaufen des Herrn Jemand nicht mit Daktylen nach dem Schema lang – kurz – kurz (— ⏑ ⏑)? Später stellt sich heraus: Es war ein geplanter Angriff, der karrieresüchtige Jemand hat ihm aufgelauert.

Tipps

– Die Vergilverse von S. 14f., und andere Texte, die gerade gelesen werden, herausschreiben. Längen und Kürzen genau bezeichnen. Betonungszeichen (´) einzeichnen.
– Dann den Text ausdrucksvoll nach den Tipps von S. 24 immer wieder lesen, auch mit Variationen in Klang und Ausdruck.
– Auffälligkeiten in der Verwendung von Längen und Kürzen und Synaloephen oder Elisionen notieren. Versuchen, die Auffälligkeiten inhaltlich auszuwerten.
  Dabei (ebenso wie bei stilistischen Eigenarten) nie nur folgende Antwort geben: »Das dient der Hervorhebung.« Sondern immer sagen, was genau hervorgehoben wird. Die Antwort muss dabei auf die Wörter Bezug nehmen und von den Wörtern ausgehen, die von der beobachteten metrischen Erscheinung betroffen sind.

Übungen zur Analyse und zur Betonung lateinischer Wörter

Übung zur Analyse von Verbformen

Es hilft, sich aus Lehrbuchtexten oder literarischen Texten Verbformen herauszusuchen und sie nach folgendem Muster zu analysieren:
– Verbform aufschreiben,
– Stammformen ergänzen,
– deutsche Bedeutung dazusetzen,
– Konjugationsklasse angeben,
– Perfektbildung vermerken,
– alle Verbformen mit Längenzeichen und Akzent versehen,
– Betonung begründen (Hinweis: Silben von hinten, vom Ende des Wortes zählen).

Form	Bestimmung	Stammformen	deutsche Bedeutung	Konjugationsklasse	Perfektbildung
lūsimus	1. Pl. Ind. Perf. Aktiv	lūdere, lūdō, lūsī, lūsum	spielen	konsonantische Konjugation (3.)	*s*-Perfekt
lúsimus – Begründung der Betonung: vorletzte Silbe kurz, daher Betonung auf der drittletzten Silbe					
cōnsīdēs	2. Sg. Ind. Futur I, Aktiv	cōnsīdere, cōnsīdō, cōnsēdī, cōnsessum	sich hinsetzen	konsonantische Konjugation (3.)	Dehnungsperfekt
consídes – Begründung der Betonung: vorletzte Silbe lang, also betont					
paruērunt	3. Pl. Ind. Perf. Aktiv	parēre, páreō, páruī	gehorchen	*e*-Konjugation (2.)	*u*-Perfekt
paruérunt – Begründung der Betonung: vorletzte Silbe lang, also betont					

Übung in der Analyse von Nominalformen

Es hilft, sich aus Lehrbüchern oder literarischen Texten Nominalformen herauszusuchen und sie nach folgendem Muster zu analysieren:
– Nominalform aufschreiben,
– Nominativ und Genitiv nennen,
– Kasus, Genus und Numerus nennen,
– deutsche Bedeutung dazusetzen,
– vorläufige Übersetzung angeben,
– die Nominalform mit Längenzeichen und Akzent versehen,
– Betonung begründen (Hinweis: Silben von hinten, vom Ende des Wortes zählen).

Form	Nominativ mit Genitiv, Genus und deutscher Bedeutung	Kasus / Numerus / Genus	vorläufige Übersetzung	Betonung und Begründung
ōrātōrem	ōrātor, ōrātōris *m.*: Redner	Akk. Sg. m.	den Redner	oratórem: vorletzte Silbe lang, daher dort Betonung
dominōrum	dóminus, dóminī *m.*: Herr	Gen. Pl. m.	der Herren	dominórum: vorletzte Silbe lang, daher dort Betonung
carminibus	cármen, cárminis *n.*: Lied	Dat. oder Abl. Pl. n.	den Liedern, durch Lieder	carmínibus: vorletzte Silbe kurz, daher drittletzte betont

Verzeichnis der erwähnten Autoren

Catull: Gaius Valerius Catullus (84 – 54 v. Chr.). Werk: *Carmina.* – *c.* 2,6 : S. 11 – *c.* 2,7: S. 20 – *c.* 3,2: S. 20 – *c.* 3,3: S. 31 – *c.* 3,9: S. 20 – *c.* 3,13: S. 21 – *c.* 3,16: S. 21 – *c.* 5: S. 39-43 – *c.* 5,1: S. 19f. – *c.* 5,8: S. 20 – *c.* 6,16: S. 21 – *c.* 8,9: S. 20 – *c.* 9,6: S. 20 –*c.* 11,2: S. 21 – *c.* 13,4: S. 21 – *c.* 34,5-8: S. 34 – *c.* 52,1: S. 27 – *c.* 63,93: S. 29 – *c.* 70,1: S. 22 – *c.* 72,1: S. 43 – *c.* 72,3: S. 44 – *c.* 75,1: S. 22 – *c.* 83,1: S. 22 – *c.* 85: S. 27 – *c.* 87,1-2: S. 22 – *c.* 99,8: S. 21.

Cicero: Marcus Tullius Cicero (106 – 43 v. Chr.). Werke: u.a. *De re publica.* – *rep.* 1,53: S. 18.

Horaz: Quintus Horatius Flaccus (65 – 8 v. Chr.). Werke: *Satiren* (*Sermones*); *Epoden*; *Carmina* (Oden); *Epistulae.* – sat. 1,9,1 – 3, S. 44 – *c.* 1,1,2: S. 35 – *c.* 1,4,9-12: S. 33 – *c.* 1,7,4: S. 10 – *c.* 1,18,5: S. 37 – *c.* 1,21,1-4: S. 36 – *c.* 1,28,17-20: S. 32 – *c.* 1,31,17-20: S. 34 – *c.* 1,33,13: S. 24 – *c.* 1,33,13-16: S. 35 – *c.* 2,10,5-8: S. 38 – *c.* 2,18,1-4: S. 37 – *c.* 3,12,1-3: S. 38 – *c.* 4,3,21-24: S. 36 – *c.* 4,7,1-4: S. 32.

Martial: Marcus Valerius Martialis (40 – 104 n. Chr.). Werk: *Epigramme.* – *Epigr.* 3,2,1: S. 31 – *Epigr.* 4,37,10: S. 29 – *Epigr.* 7,98,1: S. 26.

Ovid: Publius Ovidius Naso (43 v. Chr. – 17/18 n. Chr.). Werke: u.a. *Amores* (Liebesgedichte); *Metamorphosen* (»Verwandlungen«); *Epistulae ex Ponto* (Briefe aus Pontus) – *Met.* 4,62: S. 26 – *Ex Ponto* 4,10,5: S. 26.

Phaedrus (15 v. Chr. – 55 n. Chr.). Werk: *Fabulae.* – *Fab.* 19,1: S. 28.

Plautus: Titus Maccius Plautus (ca. 250 – 184 v. Chr.). Werke: Komödien, u.a. *Mostellaria.* – *Most.* 7: S. 28 – *Most.* 1078: S. 30.

Plinius der Jüngere: Gaius Plinius Caecilius Secundus (61/62 – 112 n. Chr.). – S. 6.

Quintilian: Marcus Fabius Quintilianus (35 – 96 n. Chr.). Werke: *Institutio oratoria* (Lehrbuch der Redekunst). – *Inst. or.:* S. 7f.

Seneca der Jüngere: Lucius Annaeus Seneca (ca. 4 v. Chr. – 65 n. Chr.). Werke: u.a. *Medea.* – *Med.* 159: S. 27.

Terenz: Publius Terentius Afer (ca. 195 – 158 v. Chr.). Werke: u.a. *Adelphoe.* – *Ad.* 195: S. 28 – *Ad.* 160: S. 30.

Vergil: Publius Vergilius Maro (70 – 19 v.Chr.). Werke: *Eklogen* (Hirtengedichte); *Georgica* (Landbau); *Aeneis.* – *Ecl.* 1,4: S. 22 – *Ecl.* 1,53-58: S. 14 – *Ecl.* 1,74: S. 22 – *Georg.* 3,248: S. 26. – *Aen.* 1,1-2: S. 23 – *Aen.* 1,12, S. 22 – *Aen.* 1,33: S. 25 – *Aen.* 1,81-91: S. 15 – *Aen.* 1,207: S. 26 – *Aen.* 6,846: S. 26 – *Aen.* 1,714: S. 10.

Begriffsregister

Adoneus 38
Alkäische Strophe 33
Anapäst 19
Aphairesis 19f.
Archilochische Strophen 31-33
Arsis 17
Asklepiadeus 35-37
Asklepiadeïsche Strophen 35-37

Bakcheus 18f.
Betonung 16-18; 23f.

Choriambus 18f., 34f., 37
Creticus 18f.

Daktylus 18f., 21f., 31, 33
Dihärese 21f.

Elegisches Distichon 26f.
Elision 15, 19f., 30, 39-41
Enjambement 8, 22

Galliambus 29
Glykoneische Strophe 34f.
Glykoneus 34-36

Haltepunkte 21f.
Hebung 17
Hemiepes 32
Hendecasyllabus 31
Hephthemimeres 22
Hexameter 21f., 25-27, 31f.
Hiat 21
Hinkiambus 29
Hipponakteische Strophe 37

Iambenkürzung 20f.
Iambische Metren 27-29

Iambus 18f., 27f., 37
Iktus 24
Ionicus 18f.
Ionische Strophe 38

Katà tríton trocháion 22
katalektisch 25, 30f., 33, 37

Mutae + Liquidae 16, 21

Oktonar 28, 30

Pausen 7-9, 13, 21f., 25, 27f.
Pentameter 26f.
Penthemimeres 21f.
Pherekrateus 34, 36
Position 16f. 19, 21, 24

Rhythmus 17-19, 23-25, 28-30, 33

Sapphische Strophe 38
Schlusssilbe (offen, geschlossen) 19, 25, 39-42
Senar 28
Senkung 17, 20, 28-30
Septenar 30
Spondeus 18
Synaloephe 19f., 25
Synizese 20, 31

Tetrameter 31
Thesis 17
Trimeter 27-29, 33, 37
Trithemimeres 22
Trochäische Metren 30f.
Trochäus 18f., 30

Zäsur 21f., 31, 37

Zur Vertiefung

Stroh, W.: Arsis und Thesis oder: Wie hat man lateinische Verse gesprochen?, in: W. Stroh: Apocrypha. Entlegene Schriften, hg. von Leonhardt, J./ Ott, G., Stuttgart 2000, 193-216

Stroh, W.: Kann man es lernen, lateinische Verse zu sprechen?, in: W. Stroh: Apocrypha (s.o.), 245-261

www.telemachos.hu-berlin.de/materialien/ovidprojekt/prosodie_und_metrik/regeln.htm